ULTIMATE
GRAB A PENCIL
LARGE
PRINT
SUDOKU

Please visit www.pennydellpuzzles.com for more great puzzles
This Bristol Park Books edition published in 2022

Bristol Park Books
3300 Park Avenue
233
Wantagh, NY 11793
www.bristolparkbooks.net

Bristol Park Books is a registered trademark of Bristol Park Books, Inc.

Published by arrangement with Penny Press, Inc.

ISBN: 978-0-88486-785-2

Printed in the United States of America

ULTIMATE
GRAB A PENCIL®
LARGE PRINT
SUDOKU

RICHARD MANCHESTER

BRISTOL
PARK
BOOKS

PUZZLES

SOLVING DIRECTIONS

Standard Sudoku: To solve, place a number into each box so that each row across, each column down, and each small 9-box square within the larger diagram (there are 9 of these) will contain every number from 1 through 9. In other words, no number may appear more than once in any row, column, or smaller 9-box square. Working with the numbers already given as a guide, complete each diagram with the missing numbers that will lead to the correct solution.

EXAMPLE

		7	9					1
	2	3	8			6	7	
		6		2	7			
	7	8		5				
	5		2		6		3	
				1		9	5	
			6	3		8		
	8	4			9	2	1	
2					1	3		

EXAMPLE SOLUTION

8	**4**	7	9	**6**	**3**	**5**	**2**	1
1	2	3	8	**4**	**5**	6	7	**9**
5	**9**	6	**1**	2	7	**4**	**8**	**3**
9	7	8	**3**	5	**4**	**1**	**6**	**2**
4	5	**1**	2	**9**	6	**7**	3	**8**
6	**3**	**2**	**7**	1	**8**	9	5	**4**
7	**1**	**9**	6	3	**2**	8	**4**	**5**
3	8	4	**5**	**7**	9	2	1	**6**
2	**6**	**5**	**4**	**8**	1	3	**9**	**7**

GETTING STARTED

Look at the ninth column of the example puzzle to the left. There are clues in the puzzle that will tell you where, in this column, the number 3 belongs.

The first clue lies in the eighth column of the diagram. There is a 3 in the fifth box. Since numbers can't be repeated in any 3 x 3 grid, we can't put a 3 in the fourth, fifth, or sixth boxes of the ninth column.

We can also eliminate the bottom three boxes of the ninth column because there's a 3 in that 3 x 3 grid as well. Therefore, the 3 must go in the second or third box of the ninth column.

The final clue lies in the second row of the diagram, which already has a 3 in it. Since numbers can't be repeated within a row, there's only one box left for the 3 — the third box of the ninth column.

Continue in this manner, using the same type of logic and elimination, until the puzzle grid is completely filled in.

1

7				8	3		6	
6		4	5					
8						1	7	5
2		7		4	8		1	
	4			9			2	
	1		2	7		6		3
1	8	5						6
					9	3		1
	9		6	5				4

2

2		6	3		9			
1					5		8	
4					8	1		3
6		9	5			2		
	1	2		8		5	4	
		3			4	7		1
5		4	9					7
	6		1					2
			8		2	6		4

3

		3	5	6	1	2		
1					4			6
5	7		9				3	
4			1	3				8
		1		5		9		
8				4	2			3
	8				3		7	9
6			4					1
		4	2	9	7	8		

4

		5		1	8	4	7	
	3				6			8
2					3		5	9
8		7			2		6	
6			5		7			2
	9		3			7		5
1	7		6					4
5			1				9	
	4	9	8	7		1		

5

	9	2	8	5				
3						6		
	6		7			1	9	5
4			6	2		9		3
	3			4			1	
7		9		1	8			6
6	2	3			9		4	
		1						7
				6	4	2	3	

6

	1	9	6	5				2
		4		7		8	3	
7	8							
5	9	7	4					3
			8		7			
8					2	4	7	6
							2	4
	5	8		4		1		
2				1	5	3	9	

7

	6					3	9	5
3		2		5	4			6
		5	1			8		
	1			4		5		
4	5			7			8	1
		9		3			6	
		1			8	6		
2			4	9		1		3
9	4	6					7	

8

3	9		8			2	1	
		5			9	6		
	1	8			4			3
8	6			7	1			
2	7						6	8
			2	6			4	9
9			4			8	7	
		3	1			4		
	4	2			7		3	5

9

	3			9	4		1	7
		2		1			5	
7		1	5				6	8
	9		4		5			1
8								3
4			7		2		9	
2	5				6	1		9
	7			4		5		
3	8		2	5			7	

10

	5			8	1	6		
8			5				3	2
7	4			9				1
6	7				4	3		
		8	1		3	2		
		4	9				7	5
1				2			6	8
4	8				5			7
		5	8	1			2	

11

4	6			9			3	
	7		8	5	6			1
1		2						
			6		1	9	2	
	1	8		2		5	7	
	9	6	5		3			
						4		2
6			7	1	4		5	
	3			6			1	9

12

	6				4		7	
		5	9	6			1	2
		2		5	1			4
9					8		5	
8		4		2		7		6
	3		4					9
7			6	8		2		
2	4			9	3	1		
	5		1				8	

13

5		1			2	4		7
4	9					6		
2			4	7	3			
	2	8		6				5
			5	2	7			
6				4		2	1	
			1	3	9			8
		9					7	4
8		3	7			1		2

14

9	1		5			6		
8	4			1	2			9
7							8	
		8		3	1		7	6
		4				8		
5	7		6	8		2		
	8							5
6			8	7			1	2
		5			4		3	8

15

7		9	1				3	4
		1	3			2		
					6		5	
2	4		6	8		1		
5		3		1		7		6
		6		7	3		4	8
	2		4					
		5			9	4		
3	1				7	6		9

16

	3	7	5		8	4		
9		6	4	3			2	
5							8	
	5				9	8		1
		8	2		1	3		
7		1	3				5	
	6							4
	7			2	4	5		9
		5	1		3	6	7	

17

			5			9	2	
	5	4	8					
	1		6	2			8	3
			7			3	6	
3			2	4	9			8
	7	5			6			
5	8			1	7		3	
					2	6	4	
	2	3			5			

EASY

18

	4		9			7		6
		8		3		2		
1			2	8		9		5
5		2	3				9	
	9			5			1	
	3				8	6		2
3		7		2	9			4
		9		7		1		
8		5			6		7	

19

4			5		2		1	
		5		4		7		6
1	7					4		
	2		4		8	5	3	
6		8				2		9
	4	7	9		5		8	
		9					7	4
5		2		1		9		
	1		8		6			2

20

	1		5			3	4	6
5	3			6			8	
2					1			9
				5	3	9	7	
4				8				3
	6	7	1	9				
6			2					8
	4			3			1	7
8	5	1			9		3	

21

		5		7	2	4		
9	1				4		5	3
4						6		
		2		5	6	9		8
6				8				4
8		3	1	9		5		
		1						6
2	8		3				9	7
		4	6	1		8		

22

					1			6
5					6	7		2
6	8		4	9			5	
	7			5		3	1	4
				7				
8	3	1		4			9	
	6			3	5		2	1
7		4	2					9
1			9					

23

2		4			3		8	7
	5			4				3
1				7	2		5	
	9	2	3			5		
		1	9		7	8		
		5			6	7	9	
	7		2	6				8
3				8			4	
5	2		1			9		6

24

	7	8			5			
3	9			2		6		1
	2		7			3	8	
7	1			4				
4			3	6	7			8
				1			6	7
	6	3			2		9	
2		1		8			5	6
			4			2	1	

25

		4			9	8		3
		5				4	6	
8	2		3	6				7
7		3		4				2
	1			8			5	
9				5		7		1
5				2	8		3	4
	6	7				1		
3		8	6			2		

26

			5	8	6		4	1
2								6
	6			7	4	5	9	
		1	8			6		7
		7	3		1	4		
5		6			2	3		
	3	5	9	1			6	
6								8
8	7		6	2	5			

27

	4			9			5	3
		1	3	5		6		7
	8		4					
3	1		2			9		4
	2		6		3		8	
6		4			1		3	5
					6		1	
4		7		1	9	3		
1	3			2			7	

28

4		1		5		3		
			8			1		
		5	1		7		8	4
1				6		7	3	2
			7	2	1			
7	2	6		9				8
2	5		4		6	8		
		3			5			
		7		8		4		9

29

	2		4			3	5	
9			1				4	
	7	5		3	2			
5	4				1	6		
		1	5	9	6	4		
		6	7				8	1
			3	5		2	7	
	8				4			5
	5	9			8		6	

30

	9				4		8	
	3	7	6	9			4	
4			2			3		
1		8	3			9		
	6	5		4		8	1	
		2			6	7		3
		4			8			6
	8			7	5	1	2	
	2		1				7	

31

6				8	2			3
		7			6	2	1	5
			3			9		
1			6		9		8	
8	5			2			4	9
	4		8		7			1
		8		6				
5	1	4	9			8		
7			5	1				4

32

9			1	3	5			
6	3			8			9	4
		8	4				1	
	1	2	5		8	7		
4								1
		7	2		9	8	4	
	2				4	9		
8	4			6			2	5
			8	2	1			6

33

8					5			
		7		6		4	1	8
4	1	9			8	3		
	8	1	9		2			4
3								2
7			1		6	9	8	
		4	7			5	9	6
6	3	8		9		2		
			6					1

34

	1	5	8	7				9
			3			5		1
7	2				6			
2				9	8	3		
	4	8		5		2	1	
		3	2	4				6
			7				3	5
5		4			2			
8				6	5	7	9	

35

2						4	8	6
		6		2	7		1	
		8	1					
	6	5	9	8				3
1		2		4		7		9
4				5	1	8	6	
					9	5		
	2		6	7		3		
8	1	9						4

36

1		9			3		4	
	2		5		7			8
3		8	4			7		
		3	6	5			1	
5				9				7
	6			2	8	3		
		6			5	4		2
2			9		6		8	
	3		8			1		6

37

	2			3		4	7	5
9		4			2			3
7	8		4					
3	9		7				1	
			6	1	3			
	7				4		5	6
					1		2	8
5			2			6		9
8	6	2		9			4	

38

5			3			4		
	7		9				5	6
	8		5		4		3	
9		6		5	3			8
7		5				3		2
4			1	2		7		5
	4		2		5		8	
2	5				9		7	
		7			1			3

39

		6		7			9	
3			9				1	7
		9	8	6		4		3
9			4			3	2	5
			3		8			
5	3	4			9			8
6		3		8	1	2		
1	4				7			6
	7			9		5		

40

		8		1			2	6
	7		6				5	4
5			4		8			
9		1		2	7	5		
				5				
		5	1	8		7		9
			2		1			7
6	4				3		9	
3	1			4		6		

41

1			6		9	8	2	
	2	6			3	9		
7				5			3	
6			5	4			8	
5		3				4		2
	7			3	2			5
	1			6				3
		4	3			7	6	
	6	7	9		4			8

42

9		5	2		6			
8	4		5		7		2	
6				1			3	
			1	5		8		6
		6		8		9		
7		1		4	9			
	9			2				8
	6		9		8		4	5
			4		5	1		2

43

			8				7	9
3		6		1				
	9	7	5				3	6
8				7	9		1	4
		1				6		
6	5		1	2				7
4	1				6	7	5	
				3		4		8
2	7				5			

44

		9		6	2	1		
3		2	5				6	
5	8			9	1			7
		1	4				3	
2			1		7			6
	3				5	4		
9			7	5			1	4
	6				8	5		9
		5	6	4		3		

45

5		3		7	2		4	
		4			5	1	6	3
		9					5	
2	7		6	4				9
8								1
3				8	7		2	4
	1					4		
9	5	8	2			7		
	3		7	1		8		5

46

4	6			1		3		
			3	5	7	6		
	7	8			6		1	
	5	3	2			9	7	
			1		5			
	8	2			3	1	4	
	1		6			7	5	
		7	9	4	8			
		6		7			9	3

47

1	8	3		6		9		
4		5	8		9			
				2	1		4	
8	3	4			7			
5			6		2			3
			5			7	9	4
	7		1	3				
			7		8	2		1
		1		9		6	7	8

48

8	9		4			5		2
				3		7		
6	3		8		2	1		
				2		6	1	
2	6			8			9	7
	4	8		9				
		4	1		9		2	5
		1		5				
5		6			3		7	1

49

		5	8				9	1
		4				2		8
		9	7	2	4			
	4	1	2	5				3
7				3				5
5				1	6	7	2	
			3	7	2	6		
4		2				3		
3	5				1	9		

50

			1			3		7
	7	6			2	9		
1	5	3			7		2	
	9		4				8	
2			9	7	8			1
	3				1		4	
	1		6			8	7	4
		9	3			1	6	
6		8			5			

51

9	2					8	7	
		8	7		6	9		
7			9		8		2	1
1		4			3			7
				6				
3			8			5		6
5	8		4		7			2
		7	6		5	4		
	4	1					5	3

52

	4			1		2	8	3
	3		6					
			2			6		5
9			1	5		3	4	
	2	4		8		1	9	
	1	8		4	9			6
7		2			3			
					7		3	
8	5	3		9			6	

53

6		4		7			5	
3			9		4			1
1	7					4		
9	1	5			3			
		2	6		8	5		
			7			3	1	2
		7					4	5
4			5		2			8
	9			8		2		3

54

7		9	3		1	6		
				2				
2	6				7		1	4
		5	2		9			6
1		4		3		8		2
6			5		4	3		
3	1		4				6	5
			5					
		2	9		3	1		7

55

9		2	6		5	7		
7	1			3			8	
	4		8				1	9
			9		3	1		
6				8				4
		9	2		6			
5	9				4		2	
	6			9			3	7
		8	7		1	5		6

56

9					6	1	3	
	5	6	2			7	9	
	2		3	7		6		
2				8			5	3
			4		5			
7	4			2				9
		2		5	1		7	
	3	7			2	9	4	
	1	9	7					8

57

	4	8			2	1		9
3				6	5	2		
	7		1					5
		6			3			1
	2	3		5		9	7	
1			4			6		
9					6		8	
		5	3	1				4
8		7	9			5	1	

58

	5					2	4	1
		1	7				6	
6		2		5	9			
9			6	1		5		
	8			7			2	
		5		2	3			4
			2	9		8		3
	7				6	4		
5	9	8					7	

59

9	4	1	8	6				
	3		9		2			4
			4					6
	6			2	4		7	
3	1			5			8	2
	7		6	8			5	
1					6			
8			3		7		2	
				1	8	7	6	5

60

9		2	6			5		
	5		8	9				3
		4	1			9	8	
7	6			3	9			
5	4						3	7
			7	1			9	5
	1	3			5	7		
8				6	1		5	
		5			8	4		9

61

1	4		3		6			
		7		2		1	4	
	9			4		5		2
7			5		1	3		
3	8						5	1
		5	9		4			6
5		8		9			1	
	3	1		7		6		
			4		5		3	7

62

		8	4		6		3	
5	1					9	6	
	4			3	1			7
8		7			4	5		
3				2				9
		2	7			4		3
9			8	4			5	
	8	5					9	1
	2		9		5	3		

63

	4				3	7		9
	3	6			2			5
1			4		6		2	
3		2		7		9		
	9			6			5	
		8		4		3		6
	1		6		5			2
6			9			5	7	
5		4	1				9	

64

		7			6	5		9
	1	8	5				4	
3				4	2			6
					3	8	7	5
	6			1			3	
8	3	2	7					
1			8	7				3
	8				5	1	2	
5		4	2			6		

65

		1	4		5		3	
3			6			8	9	
2	7			8		5		
9				6		1	4	
1			3		4			8
	2	8		1				6
		2		3			8	9
	4	3			2			5
	9		8		1	2		

66

5	1		4				7	
		6	9				1	3
		3	6	5				9
		2	5			3		1
	9			2			8	
8		1			3	4		
9				1	5	8		
1	3				4	9		
	2				9		3	7

67

	2	6	7					3
		4	2			6	7	
1			9	6				4
	4				2	5		6
	1			5			4	
6		3	4				8	
5				4	8			9
	8	7			1	2		
9					7	4	3	

68

1	7			8	5			
	6		1				4	8
4					9	5	1	
		6	9	1		8		
5		2				1		4
		4		7	2	3		
	4	7	8					1
3	5				1		9	
			7	5			8	3

69

	1		5				3	
	4				3	8		6
2				6	1			9
6	8	2	4					
		7		1		9		
					5	7	6	4
7			6	5				1
1		5	9				7	
	9				7		2	

70

1					5		7	4
7		5			8	2		
	8		6	7				5
	9	7			6	1		
	4			1			3	
		2	9			4	8	
2				6	1		4	
		3	5			9		1
4	6		7					8

71

5		6	1	9				
		2			5	9		6
	1				4		2	7
8	6			7	9			
	4	9				8	7	
			8	1			6	9
2	8		9				3	
3		1	5			6		
				2	8	1		4

72

			1		4	9		
	7	2	3			8		
4	6					3		2
1				6	2		3	
6	3						7	8
	4		7	3				1
3		4					8	6
		9			8	7	4	
		6	5		3			

73

			6		2	7		1
	1	9			8			2
6	4				7	8		
4				8		9	5	
	9			6			2	
	6	5		9				4
		6	8				7	9
8			1			5	6	
9		7	3		6			

74

5			9	6	4			
6	4					9		3
9			8			6	1	
		3		7		4	9	
	9		6		3		2	
	8	7		4		5		
	5	4			1			9
8		9					7	2
			3	9	8			5

75

7	5	6						1
		4	7	1				
					5	9	7	2
5	3			7		6		
	6		9		4		3	
		9		6			8	7
9	2	5	4					
				8	7	3		
3						4	2	6

76

	4		5		6	9		
9	8		4					3
3					9	4	6	
	5			6		2		1
		9		1		7		
1		2		7			9	
	1	7	6					4
8					2		1	5
		4	3		1		7	

77

8	6	5			2			
4			8			6	3	
			9				4	5
2		7		8			5	
		6	7		5	2		
	5			3		7		9
5	8				3			
	9	1			6			8
			5			1	9	3

78

	3				8		5	2
4	9			1				7
		8	9		7	4		
				5		8	6	4
		5	1		6	7		
8	6	3		4				
		4	6		1	2		
6				2			7	3
7	1		5				4	

79

6	2				8	7		
8				5	7		2	
4			3			8	6	
		8		1		5	7	
5			8		3			9
	4	7		6		1		
	9	6			4			2
	8		5	9				7
		2	1				9	8

80

8	5				7		3	
		9		8	3	5		
7			5			4		
	8			7			1	5
4			6		1			2
6	7			2			4	
		8			2			4
		4	1	3		7		
	1		4				9	6

81

	8		6		7	5		
	1			8		3		
	2		1			7		8
8				9			2	7
		7	8		6	4		
5	3			2				6
9		8			3		5	
		2		4			9	
		3	9		8		7	

82

	7	4				9		1
		1	4		5		3	
2				7	1			6
	4	5			7		1	
6				3				5
	2		5			3	9	
4			6	2				3
	5		7		3	8		
8		6				4	2	

83

		9	8	3		6		
	5	1				8	7	
8			5	1				2
9			7		5		3	
3	6						9	4
	8		3		9			1
7				8	3			6
	2	8				3	5	
		3		5	2	4		

84

				7	3		9	1
9		3	4				8	
6	4		2			5		
7				2	8	6		
	1	4				3	2	
		6	7	4				8
		9			4		6	2
	5				7	8		9
3	6		8	9				

85

3			8	2			4	
		1			9	8		5
8	4				5		6	
			2			4	1	8
		2		7		5		
9	8	3			1			
	9		1				3	4
2		6	3			9		
	3			8	7			6

86

4						8	1	2
9	1		2		8			
		2	4	7			9	
3		8			6	1		
	4			3			6	
		7	8			9		4
	3			2	4	5		
			9		3		8	6
6	2	1						9

87

			4		7		8	1
		1			3		9	6
9	8	4		1				
2		3		7	9			
	9	5				1	7	
			1	6		9		3
				5		3	4	9
3	4		9			8		
1	5		3		8			

88

	1				5	6	7	
6			3		7		8	
8		9		6			2	
7		5		1		8		
2			4		8			7
		1		7		3		5
	3			4		9		8
	2		5		6			4
	4	7	9				3	

89

6		4		8			3	
5					3	7	6	
1			7	6				2
		5	4			8	9	
	4		3		1		7	
	2	9			8	6		
2				1	4			6
	8	3	6					7
	6			3		5		9

90

5			2		7	8		
9	4					2	7	
	1		8	6				3
			6			7	2	8
		9		7		5		
7	2	6			5			
8				1	6		9	
	5	2					4	7
		1	7		4			5

91

			5			9	2	4
	4	6		7	2			
	1				4		8	
7		8		2	9			
3		4				8		5
			3	8		4		2
	6		7				5	
			2	5		3	1	
5	7	2			3			

92

1	2		5			3		
		9	7	2				6
7					9	4	2	
3	1		8			6		
	4			7			9	
		2			6		5	3
	3	7	9					4
8				4	7	9		
		4			1		8	2

93

	4	1				2		7
6			1		9			8
2				6			1	
	9	3			5	4		
	5			1			7	
		8	9			1	3	
	1			5				4
5			8		1			6
8		6				3	5	

94

		4		2	8		1	
	5	6	3				2	
3			4			7		5
1					5	2		4
	7			4			9	
9		3	7					1
6		9			3			7
	3				4	1	6	
	2		6	5		9		

95

7					8	6	1	
		9	1		3			4
1		6		2			3	
8				1	7		5	
	1	5				3	4	
	6		3	9				1
	5			3		4		8
3			8		2	1		
	7	8	5					3

96

9		4		7			8	
6				2	3		4	
		8	9			5		2
	9		1				6	7
		2	7		6	1		
1	6				5		9	
7		1			9	3		
	3		4	1				6
	5			3		9		1

97

1	3		2					6
		5		4	7		1	
		4	3			2	8	
8	1					9		4
			7	3	8			
2		7					5	3
	4	2			3	5		
	7		9	8		1		
3					5		9	7

98

		4	5				3	6
5	7				1	9		
	8			3	2			4
	5	8		6	7			
6		2				4		7
			1	8		5	6	
7			4	2			1	
		9	7				4	5
3	4				6	2		

99

	4		6			7		8
7		1		3				2
	6		5		9	1		
4	2	7			6			
	8			5			1	
			7			4	6	9
		4	3		8		7	
3				6		9		4
9		6			7		8	

100

	2			5		7	8	
7			4				2	
		3		7	2			5
		4	9			8		1
5			8		3			2
6		8			7	9		
3			5	8		2		
	6				9			7
	1	5		2			6	

101

6				5		7		3
4				2		5	8	
	7		6		8			
	1	4			6	9		
3			8		2			1
		9	3			6	2	
			7		4		6	
	6	7		1				4
1		2		6				7

MEDIUM

102

2			8	6				1
	4	3			9	7		
		1			2		4	5
1	6	2	5					
	9			1			7	
					6	2	1	3
4	2		6			1		
		7	4			8	6	
8				2	1			9

103

	2				5	6		9
		5			4		3	2
8		9	3	2				
			5			2	9	1
	3			4			6	
2	5	1			9			
				9	3	5		6
5	6		8			9		
1		3	6				7	

104

3	4					9		5
			7		1			4
	6			5	9	1		
	3	7			6			9
		2		4		5		
1			9			7	3	
		3	6	7			5	
8			1		3			
4		6					9	7

105

		9		5	3	2		
5			2				7	8
1	2		9				4	
			3	9		1		
3		2				4		9
		6		8	5			
	3				9		1	7
7	4				6			3
		5	1	3		8		

MEDIUM

106

1				6	8	7		
4	9	7			5			
			7			2	9	3
			2			1	6	4
	4			5			2	
2	6	1			3			
9	3	4			2			
			8			5	1	9
		5	6	7				2

107

	1		2	8				7
2			7		1	5		
6		4				8	1	
8	5	1					6	
			8	4	5			
	4					2	5	8
	3	7				9		6
		6	9		2			4
4				7	6		8	

108

9	6	2			1			
			7	6		1		2
3			2			5	9	
	5			7	2	6		
	9						2	
		8	6	1			4	
	3	4			5			9
7		9		2	6			
			3			8	6	4

109

4	3						7	9
2				8	4	5		
	8		3	5		4		
6			2			1	5	
		8	5		3	6		
	5	2			1			4
		1		3	2		4	
		6	4	7				8
5	2						6	3

MEDIUM

110

2							5	8
		8	5	1	4			
	6	5	9					1
		7		4		2		6
	2		7		3		1	
1		6		5		3		
7					8	5	6	
			1	3	5	4		
8	5							2

111

	1		3			8	7	
6			7		4		1	
7	2			8		3		
1		3				4		5
			5	9	3			
8		9				7		2
		7		4			6	3
	4		9		7			8
	8	1			2		4	

MEDIUM

112

	6	3				1		4
5	2		1		4			
			5	9		6		2
	8		3			4	6	
6				4				5
	3	5			2		9	
7		6		2	5			
			7		6		4	8
8		1				2	7	

113

			7		6	8	9	
		4	8				6	5
5	8	6		4				
2			5				3	1
		3		1		9		
9	1				4			8
				7		6	8	2
6	2				9	3		
	7	5	6		3			

114

	3				7	6	2	
6	5	7		9				
				5	1		3	9
8		6	2			5		
3			4		5			8
		4			9	3		2
7	6		1	2				
				3		2	7	6
	4	3	5				8	

115

	7	2				3		8
3				7			6	2
	1		2	3	6			
5		9			4		2	
		6	5		3	4		
	2		6			8		5
			8	6	1		5	
8	6			5				1
1		3				2	8	

MEDIUM

$$\boxed{116}$$

	3		2	9				1
		4	8		7		6	
7		9					8	4
	7	1	3			8		
3				8				6
		5			9	1	2	
1	8					5		7
	2		9		6	4		
4				1	8		3	

117

			1	7		6		8
5	9		8				2	
7		1			9	5		
3		5	9				4	
	7			5			6	
	4				2	7		5
		4	5			2		1
	1				3		5	9
2		9		4	1			

MEDIUM

118

7		2		5				4
5		6	7	3				
					8	7	6	
	6		9		1		3	
4		9				5		1
	7		3		5		9	
	2	8	5					
				6	2	9		7
6				8		1		2

119

6			3	4			1	
1						9	7	4
	5	2	9		1			
		1	6			7	4	
5				1				9
	7	4			3	5		
			8		6	1	9	
3	8	6						2
	1			2	5			6

120

8		3					9	1
1			3		9	6		
	5		2	1		4		
				6	3		7	2
	3	7				5	6	
2	8		7	4				
		8		3	2		4	
		2	5		1			3
3	1					9		6

121

4	3	8		2				
			8			2		1
6				4	9		3	
	4				7	5	1	
1			6		5			4
	6	3	1				7	
	8		3	1				9
9		6			8			
				5		6	8	7

MEDIUM

122

		8			9		5	
		7	5			9		
5				3		2		1
9				6			1	4
	8		1		7		3	
6	2			8				7
8		9		1				5
		6			2	1		
	3		7			4		

123

	7	1		9		3		
				8	3		1	5
3	8				5			7
	2	7			9			4
		8	5		2	7		
1			4			8	2	
8			9				7	1
7	9		3	4				
		6		7		5	9	

MEDIUM

124

2			3				8	
	3				8	6	9	
7		9		4	5			
4		1	5					9
	2			7			3	
8					9	5		7
			9	5		4		8
	9	8	4				7	
	4				3			2

125

		5		7			2	3
	3	2			6	7		
8			2	1			4	
		4	8		1			2
7	6						8	1
2			3		7	4		
	2			9	5			4
		8	7			1	9	
3	1			8		2		

126

			7	5	6		2	
		9			3	7	1	
5		8						4
	4					2	9	8
			3	2	8			
8	2	7					3	
4						1		7
	8	6	2			9		
	9		4	3	7			

127

		1	6	5				2
	6		9		1			5
	9	7				3		1
	7			6	9	1		
9	5						3	7
		3	7	2			8	
7		9				4	2	
6			4		8		1	
3				7	6	5		

MEDIUM

128

		3			5	9		2
	9	8	4				3	
2			9	7		4		
6	4				8		9	
7				3				4
	5		7				1	6
		4		1	6			9
	3				7	6	4	
9		7	8			3		

129

2	9		6				3	
3			7			5	8	
		1			9			4
1		9		3		6		
	6		9		2		4	
		2		7		9		1
8			2			3		
	5	3			7			2
	2				3		1	5

130

7	3			1				9
		9	8			3		6
	8		2		3		4	
	6	3				2		1
			9	2	6			
2		8				6	7	
	1		4		2		5	
9		4			8	7		
8				3			6	2

131

		9		2		5	3	
	8		4		5			6
5				6		8		
6			2		7	9		
2	3						8	1
		7	5		1			2
		2		1				5
9			3		2		7	
	1	8		5		4		

MEDIUM

132

8				5	3			7
	5	3					6	4
	4		6		8	5		
2	9				7	1		
		8		9		4		
		7	2				8	9
		9	7		2		4	
4	7					9	2	
6			9	8				3

133

			6	5		9	8	
	8	6		9			2	
7			1			6		
2		4	5		6			
5	6						9	2
			2		9	7		5
		2			5			8
	3			2		1	7	
	4	1		6	7			

MEDIUM

134

		6		5	9	2		
	3				6		4	7
	5	2			7			8
2	6	4	1					
5				9				4
					5	6	1	2
6			8			4	9	
1	4		5				2	
		5	9	6		1		

135

6		4	9		8			
	3		6	1			9	
		2				6	8	1
			8			1	7	5
3				9				2
1	7	6			5			
9	4	3				2		
	8			3	7		4	
			5		9	3		8

136

	7		1	4				6
4			6		3	1		
1		2				9	3	
9	2	7					6	
			2	7	1			
	1					7	2	3
	3	6				5		8
		1	7		6			9
5				1	8		7	

137

	2			3	1			9
	4				6	1	3	
	1	9		4				2
4					5	2		8
		2	8		4	9		
5		8	2					7
2				8		5	9	
	8	6	4				7	
7			3	6			2	

138

4		8	9				5	
	5		8			7		9
	9		4		2		8	
6				8		1		2
		4		3		5		
5		2		6				4
	2		1		7		6	
9		7			8		1	
	1				5	4		7

139

	1	7				2		8
			8	9	1			6
6		4	7				9	
			3	6		9		2
	2						4	
1		9		7	4			
	3				7	1		9
5			9	2	8			
8		6				7	2	

140

1	9					5		4
8			4				6	9
		3	1	9	5			
	1	7	3				2	
		8		7		4		
	3				8	6	5	
			7	5	6	2		
7	2				1			5
9		1					7	6

141

	9		8	6			2	
4		3					8	5
		1	7		3			9
		9	1	7			3	
1		8				6		7
	7			8	2	9		
7			3		6	2		
8	1					3		6
	3			1	8		7	

MEDIUM

142

6				3		9		8
	1	3	9					
8			1		4		6	
		6		5	7		9	
1	9						5	2
	2		4	1		8		
	6		3		5			7
					6	3	4	
9		8		4				5

143

1				4	3		8	
5		6			8		9	
			9			2	5	
3			4			8	6	
		8		3		5		
	7	2			6			1
	9	7			5			
	6		7			3		5
	5		6	1				2

144

		5	1	9		8		
1		3	7				5	
9					5		4	
7	3		8					4
	1			2			7	
4					7		1	2
	7		2					3
	2				6	1		5
		9		4	1	7		

145

	3				5		4	1
7				6		3		
6		9			2		8	
9		1			7		6	
		8	4		6	2		
	6		2			1		3
	4		9			8		5
		7		2				6
1	9		6				2	

146

						6	3	4
	7		8	9	3			
2	3				4	9		
9			4	1		7		
4		2				8		5
		7		2	5			6
		9	6				7	1
			3	4	1		6	
1	6	3						

147

9	7				1		4	
6		1			3	5		
			4	5			6	1
1				2		6		
		2	5		6	4		
		4		3				9
7	1			4	2			
		6	8			1		3
	8		1				7	4

MEDIUM

148

	2				5		9	4
8				1				2
	3	1	9			6		
		4		8	9			3
	6	8				4	2	
9			4	6		8		
		6			1	9	5	
5				7				1
1	4		5				3	

149

3	8		4					9
2				8	5		1	
1			7			5	2	
		2		4		1		
		7	1		6	8		
		3		9		4		
	4	6			3			1
	3		8	6				7
7					4		5	3

150

	4	6			3			8
		1			6			5
		3	5	1		2		
7					1		4	2
	2			4			9	
9	3		6					1
		9		2	5	4		
4			8			5		
3			7			1	8	

151

4			3			2		
	3	1		6				
				1	7		3	6
		8	1		4			7
7	4						8	2
1			7		9	4		
8	6		9	4				
				3		7	1	
		2			5			9

MEDIUM

152

	3	2			8	4		
				3	1		2	
8	1		9			7		
3	8		5			2		
6				4				9
		9			7		5	3
		4			5		6	2
	5		4	6				
		3	1			5	9	

153

9					8		5	3
		3	4	5		8		
	6	5	9					2
6	5		3	4				
		4				9		
				8	5		1	4
5					2	3	4	
		6		9	1	2		
2	7		8					1

MEDIUM

154

5				8	7			
2			3		1		8	
7		8				2	5	
1		4			5	7		
	6			9			1	
		5	7			8		6
	5	2				3		8
	9		5		8			1
			4	6				9

155

	5	4		6	3			
					4	3		5
	3			1		2		7
5	6				9	8		
7			1		8			6
		1	6				7	9
3		7		2			9	
8		9	3					
			9	8		1	3	

156

					5	8	9	4
8			4		6			
4	7	2		9				
1	8			6			5	
		9	3		1	7		
	6			4			3	2
				7		6	2	5
			6		2			8
7	2	6	5					

157

	4		7		2			8
	3	2	5				7	
9				1		5		
8	2	3		5				
7			8		6			9
				3		1	8	2
		9		7				3
	7				3	8	9	
3			2		5		1	

158

	8		5		3	4		
4			1	9			6	
	5	6				3		1
			3	1			7	9
3								2
6	1			8	9			
8		9				2	5	
	4			5	6			8
		5	8		2		3	

159

			7		5	3		
		5	3				2	7
1			2			8		6
		9		3		7		8
			6	7	8			
7		8		4		1		
5		3			7			1
6	8				3	5		
		4	9		1			

160

		1	9		2		3	
		9					4	1
	8	4			7			6
7					6	4		9
	5			9			6	
9		2	5					3
8			4			1	7	
2	3					6		
	4		6		5	3		

161

	1		8				7	
		4	1	7				8
7			2			1		3
		6	3	9		5		
2	9						3	4
		3		8	2	9		
4		7			6			5
8				4	1	2		
	6				8		4	

MEDIUM

162

9		1	3			7		
3	4			8		9		
			2		1			6
	5	9			2		3	
	3			1			7	
	1		5			6	2	
7			6		9			
		3		5			9	8
		5			3	2		7

163

		9	7		8			4
	7			1	2		3	
1		8					7	
		5	9	3				8
4		3				7		5
7				2	4	9		
	3					5		1
	1		6	5			9	
9			8		1	3		

164

	5				7	8		6
	1		9		8		2	
8		2	3					
				8		7	9	4
2				6				3
4	9	5		3				
					2	3		9
	2		5		3		6	
3		1	8				7	

165

	5		3	4				8
	2	4		1		5		
		3			7			1
4	1				9		8	
		9	5		8	4		
	3		4				9	7
5			6			7		
		8		7		1	5	
2				9	5		3	

MEDIUM

166

		9	1				3	8
2	3			8	5			
	7				4	6		2
	5					3		6
			8	9	3			
3		4					8	
4		1	3				7	
			6	4			1	3
7	2				8	4		

167

		4	3	5		9		
9			1					6
		1			9		4	3
	8			4	3		2	
1		9				4		8
	3		2	8			9	
6	1		4			5		
7					5			2
		5		1	2	7		

168

5	7		2			8		
3			7		4			5
	2			5		7		4
	8	3		2			4	
			4		8			
	6			1		3	2	
7		6		4			8	
1			9		5			3
		9			6		5	2

169

			5		8			2
		9	1			7	3	
2	1			6		4		
5					1			7
		4		8		5		
6			7					8
		3		4			5	1
	7	5			9	6		
1			3		2			

MEDIUM

170

		3		4	9			5
	4	6					9	1
	9		3		6			2
		9			8		3	
1				3				7
	3		2			8		
3			4		1		6	
6	2					4	7	
9			8	6		1		

171

	3		8					2
		6	5			3		8
	8			9	7		4	
6			2					7
	4			5			8	
5					1			9
	1		4	2			3	
3		4			8	6		
2					5		7	

172

		4	8					9
	3			9			4	2
	6				5	1		
1			9			7	3	
7				1				4
	2	5			7			1
		9	6				7	
6	4			7			5	
3					4	9		

173

9					5		4	7
		1	7					6
	5	6	3	8				
		5		4	3		7	
	6	8				4	9	
	7		2	6		1		
				2	8	7	5	
5					7	9		
8	4		9					1

MEDIUM

174

	6	8		2				7
	4	3	6					
					7		3	
	9	4			5			1
		2		9		4		
5			3			7	6	
	3		8					
					9	1	7	
8				7		6	9	

175

	1							4
	9		1	3				8
8		6	9			2		
			3			1	9	
		1	7		2	8		
	5	3			1			
		5			9	6		7
2				7	3		4	
6							2	

MEDIUM

$$\boxed{176}$$

	6			1		4		
5		3			2		8	
	4		8			5		6
			2	7				3
	2	4				9	7	
6				5	3			
1		2			8		9	
	9		7			3		8
		8		3			6	

177

	6	5						4
	8			4			9	
			1		6	8	2	
6		8		5				2
2			7		1			6
9				2		7		3
	9	7	2		4			
	1			3			4	
8						3	7	

MEDIUM

178

3				5	8		9	
	5	4			2	6		
1					9		5	
		9	2				1	6
				3				
6	7				1	4		
	8		9					7
		5	6			3	2	
	9		1	7				8

179

		2		4	9			
	7		3				9	2
					7	3		4
	2		8	9				6
	9	3				7	5	
4				1	5		2	
3		6	5					
8	1				2		4	
			6	7		8		

180

				2	5	8		
8	1					9	5	
6		2			7			3
			4		3	2	9	
	3						8	
	4	1	6		2			
3			5			6		4
	7	4					2	8
		6	2	3				

181

	1	9			2		3	
				5				4
	4		7			2		5
2		5	6		8			
6		1				8		3
			1		3	5		7
7		8			5		4	
4				6				
	6		2			9	5	

182

5					8	1		
8			9				2	4
	9				1		8	
		5		6		9	4	
		1		3		7		
	8	6		1		2		
	3		2				9	
6	2				7			5
		4	6					2

183

	6	5						2
	8		4	3	5			
7							9	3
		6	5			1		9
	7		8		9		5	
5		1			3	7		
9	5							7
			7	2	8		6	
6						4	3	

184

9				3				5
		1			6	2	4	
2		5		7	1			
1		7			8			
	2		9		5		1	
			7			4		9
			6	8		9		4
	6	4	1			7		
5				4				1

185

	7	6						
		9	2	8				5
5			1				9	6
			3			9	4	1
	6		8		1		2	
2	9	1			5			
7	1				9			2
6				2	4	7		
						4	6	

186

	2	5			3			4
	8		9	1				3
	6			7			8	
		3	6					1
6			5		1			8
1					9	7		
	4			5			1	
5				4	6		9	
7			3			2	4	

187

		5	3		6		7	
6				7	8			
7							3	6
		6	8	5		9		
8	2						5	3
		9		1	4	7		
9	5							7
			7	8				9
	4		6		2	3		

188

		9		1		8	6	
	7	8	2		5			
		3			8		5	4
6			5				8	
				3				
	2				9			1
9	4		1			7		
			8		3	4	2	
	8	2		5		6		

189

9			4		6		2	
		4		3		1		
5	3					7		4
		1			2		3	6
				7				
6	4		1			5		
4		2					8	7
		6		8		9		
	8		7		5			1

190

	4					3		7
8			7			9		
	7			4	6			1
		3		6		1	2	
4			1		8			9
	8	1		2		4		
1			5	7			9	
		8			2			4
2		9					6	

191

			9				3	1
	9				6			4
		6		2	4	8		
4	1			3				
5			2		1			9
				8			1	2
		3	4	6		1		
1			5				4	
6	7				2			

192

3					2			8
	2			4	7			
	5	8		1		4		
			9				6	4
7			1		6			3
1	9				3			
		7		5		6	4	
			7	3			5	
5			6					7

193

					4	2	7	
	9	3			6			4
4	1			3				
		1	5	8			3	
		5				7		
	6			1	7	4		
				2			1	9
5			8			3	6	
	3	6	9					

194

8	7			1				
	2		7			3	5	
1			5			7		
		2	6		4	9		
7								3
		9	3		1	8		
		1			7			9
	4	8			5		1	
				4			8	6

195

3	9		8				2	
		2			7	9		
1				5			4	3
	7		4			5		
			7		8			
		9			1		8	
2	6			7				9
		3	9			4		
	4				2		7	1

MEDIUM

196

2			4			3		7
		3			2		1	
1			6				4	
	9	7	1			6		
				7				
		4			9	7	3	
	2				3			5
	4		8			9		
5		8			1			4

197

	7					2		9
4	3			8	2			
			3			5	8	
				1	6		5	
5		4				9		6
	6		4	2				
	4	1			7			
			8	9			4	7
7		8					1	

MEDIUM

198

				5			4	
7		8				1	5	
			1		3		8	
2	4			1				3
		3	6		2	5		
6				3			1	9
	8		9		5			
	2	1				7		5
	5			7				

204

199

	3				9	2		
9				3	2			1
7						8		
		2			7		3	4
	9			6			8	
4	5		3			9		
		5						9
3			6	4				7
		6	9				1	

200

	2	5				1		
1			5				3	
	7			2	1	4		
4		7	8					
8			9		2			6
					6	8		1
		1	4	9			6	
	4				3			9
		9				5	1	

201

	5	8	2				1	
	9			7				
7			1		5			8
	7	3	6					
		1		4		2		
					2	7	6	
4			3		7			1
				6			4	
	3				1	8	7	

202

3		2	1		5			
4			3			9		
				6			3	2
					8	1	5	
		5		3		8		
	4	8	2					
8	2			9				
		4			3			7
			7		6	2		8

203

					3		8	
3			8			9		4
	9			2		6		
	3		4				6	8
4			6		8			2
9	8				2		7	
		9		6			1	
5		8			4			6
	6		1					

204

			9		8		4	
6	5			7		9		
2			6			1		
		5			4			1
	2			1			5	
4			5			3		
		3			5			6
		2		6			1	4
	4		8		1			

205

3				6	5			
	8	4				5	3	
	9				3			4
			5		1	2		
		5				4		
		2	3		8			
2			6				7	
	4	3				6	8	
			1	3				5

206

6					5		3	
	3	1				2		
			3	6	1	7		
9		5						3
			5	9	8			
2						5		9
		7	1	4	6			
		3				6	1	
	2		7					8

207

1				4			9	6
	8	5	3				4	
					1		8	
3			9					8
		6		3		4		
9					8			3
	6		7					
	3				6	7	1	
4	9			2				5

208

				9		2		6
	6	5			3			
9	8					4		5
	3	7		4	8			
			7	3		8	4	
3		9					7	4
			2			1	8	
6		8		7				

209

1				8			9	
3			1				4	
		4	6			1		
	3	2			6			9
6			3		4			8
5			7			2	6	
		1			8	6		
	5				1			4
	2			6				1

210

9	7		2		4			
		2				6		
				5		2	3	9
6			4		5	8		
8								6
		9	3		6			5
3	6	4		1				
		7				1		
			5		7		6	4

211

				6		4	9	
	4	1			7		8	
					1			5
		3	6			8		4
	6		3		4		5	
4		7			9	3		
9			2					
	7		9			5	3	
	3	6		4				

212

	9		7			1		
					3	6	9	
3		4	9	8				
4	3						1	
			4	1	6			
	2						4	9
				5	8	2		7
	7	1	6					
		2			7		8	

213

1					9			6
	5	4				9		
6				8		7		4
		7			5		9	
	1			9			8	
	3		8			5		
3		5		1				9
		1				4	3	
2			3					1

214

9					7		2	
5					1	7		
		6		4			3	
		5			8		4	6
	4			2			5	
6	9		4			8		
	3			6		4		
		1	2					8
	6		8					7

215

			6	8			1	9
4	2	6						
		9		5	2			
	8				9		3	
1			2		8			5
	9		7				2	
			8	2		3		
						7	5	4
7	6			4	3			

216

9	1			7	3			
		7		1				2
3			6				1	
5		2	1				7	
			9		7			
	7				6	4		1
	5				2			6
1				9		8		
			7	6			4	3

217

	9	4	8					5
2		6		9	5			
				7			9	
4	7		2					
		2	7		6	4		
					9		7	1
	4			2				
			9	1		3		8
1					8	9	4	

218

				9	3	6		1
		6	4				7	
	1	8		2				5
					1		5	
		5	3		2	8		
	3		5					
2				3		5	6	
	8				7	4		
6		1	2	5				

219

					2	4		
			4	1	6		3	
	4	9						6
3	5				4		1	
7				2				5
	1		7				4	8
5						8	9	
	6		2	8	3			
		3	5					

220

				5	3	9		1
	2	5	6					
9			4					5
	5	9		4	8			
		4				5		
			9	7		4	6	
2					9			3
					2	1	5	
5		3	7	6				

221

		5		6			8	2
9							4	
3		4			9	6		
				4		8	5	
			2		8			
	1	9		7				
		6	8			4		7
	4							8
5	9			3		2		

222

9				5				
		4		6			3	
7		6	4					5
		5	9			8		
	4		8		5		7	
		1			6	5		
6					1	3		8
	5			3		9		
				7				2

223

		4	9				3	
8				3		1		
	3		8			5		6
				8		9		1
			7		5			
6		8		2				
1		9			3		4	
		6		7				9
	2				1	3		

224

3			1		6			5
	7				2		9	
6				3			1	
8				4			3	
			2		3			
	6			7				1
	1			6				2
	8		4				6	
2			9		7			4

225

	8		6		2			
			1			5	8	
7	1							6
		6	9			4		
	4			8			5	
		3			5	2		
5							9	4
	6	9			4			
			2		3		1	

226

			2		9		5	1
	3		1					2
		5						
		7	9				4	
		3		8		2		
	9				5	6		
						9		
4					1		8	
6	5		7		4			

227

	5	7				1		
				5		9		
		4	3		2			6
			2				1	3
6				3				7
8	7				1			
7			4		8	3		
		6		2				
		8				5	4	

228

				1	2	4		6
2					9		7	1
	8							
	9		6					4
	2		9		1		5	
1					3		9	
							6	
5	6		3					7
3		9	5	6				

229

	4							9
		6	2			3		7
		3			5		2	
3		4		6				
8				1				3
				3		6		1
	7		8			5		
6		8			1	9		
5							6	

230

6		1			2			5
			1			2		
2	8				3			
	2				8			
	7			1			8	
			2				1	
			7				4	8
		7			1			
3			4			1		9

231

8		2		3				
	6	7			9			
						9	4	
6	5			9				
2			3		5			1
				7			3	9
	3	1						
			1			8	5	
				4		1		7

232

			5		8		1	
1		6						
	7				1	2	6	
9					4	7		
		7		1		3		
		8	7					9
	5	4	8				7	
						8		4
	8		6		2			

233

				5	7			
	5	2	8		3			
		4					3	5
				3	4	9		
	9	3				1	4	
		7	2	8				
9	3					6		
			9		8	5	2	
			3	7				

234

	9		5			7		
7	6						5	
		1			4	8		2
				1			7	
6			9		8			3
	8			5				
1		2	6			9		
	3						4	6
		6			2		8	

235

	1			9				3
	7					4		6
	9		3			7		
			2		1	6		
	5	3				1	8	
		1	7		5			
		9			3		6	
1		4					2	
6				2			4	

236

2			4				7	
				6				3
		8	2			9		
	7		6				2	
		9	8		1	4		
	1				5		3	
		4			8	3		
5				9				
	8				6			5

237

								7
5					4	3	1	
	1			3		4		
		9			5	2	6	
7				9				1
	6	5	2			7		
		4		2			5	
	9	6	5					8
3								

238

		1				7		8
	5			3	1			
			6				3	2
3		4			8			
	9			2			7	
			4			8		3
9	4				7			
			1	4			2	
5		3				4		

239

				2			5	
5			7				4	2
	8	2	5					
	1	6	9			2		
				7				
		5			2	6	1	
					9	7	3	
7	3				1			5
	5			6				

240

		2		6				
			2		5	9		8
	7	8	9					
	8					2		1
			6	1	9			
1		7					6	
					3	4	1	
2		9	4		6			
				8		5		

241

5			6				7	
				8	3	4		
		8	5				3	1
				4		9		7
			9		1			
4		6		5				
1	7				9	2		
		2	4	6				
	6				5			8

242

5					2			7
		9					8	
	7		5	6				
6		4	9				1	
2				5				4
	5				1	3		6
				3	9		6	
	2					8		
4			2					1

243

	2					1		
	7	3	6		8			
9					7	4		
7	5	2		8				
				3				
				5		7	4	2
		8	3					7
			4		5	8	3	
		6					1	

244

9		4						
			3	7		4		6
	6	2			8		9	
			8			3		
4				3				5
		1			4			
	5		6			9	8	
1		9		2	3			
						1		7

245

		2			8		6	
3			2			1		
9		4					7	8
	7		3			5		
				6				
		8			1		3	
8	4					9		2
		3			9			4
	2		5			6		

HARD

246

		7	9	1			4	
9					7			6
					1			
	5				2	6		7
		6	3		4	2		
2		1	8				9	
		2						
5			4					8
	6			8	3	7		

247

	5				8	1		
		3	5					4
7			2				9	
		8			3			1
	1			8			2	
6			9			5		
	9				5			6
1					9	7		
		6	1				8	

248

		1			3		2	9
	5				6			
3						6	4	
				1			6	2
		9		8		3		
1	3			2				
	8	6						5
			4				8	
9	2		1			7		

249

1		2		4			3	
								7
9				5	6			
	3		6		2			
	9	6				8	1	
			9		1		6	
			5	6				9
4								
	2			9		5		8

250

4	6		2					7
		2					4	
	5			4	1			
		3			4	1		2
				8				
5		9	6			8		
			3	5			2	
	8					6		
3					6		1	8

251

		3		1		6		
			5		3		9	
1		8			2			
	5				7			9
	8			4			3	
7			3				2	
			2			9		1
	3		9		4			
		2		8		3		

252

3			7				2	
		2		4		9		
7	8		5					
	6		2			7		8
				8				
5		8			3		6	
					5		8	2
		1		2		5		
	4				8			7

253

					5	7		8
5		9			7	4		
				3			5	
1			3					5
	7			8			3	
8					4			1
	6			2				
		8	4			6		2
2		7	6					

254

5		1	2				9	
			9	6		5		
							1	4
		3			7			1
	1			8			2	
7			5			3		
9	2							
		4		9	6			
	3				2	9		7

255

		4				7	1	
7				2	9		5	
5					4			2
1							8	
			2	1	8			
	3							1
3			4					8
	1		6	3				4
	6	2				5		

256

	8			7		4		
1			5			6	2	
4								
					5		3	9
		2		3		7		
9	5		6					
								8
	7	8			3			4
		6		5			1	

257

	1					2		
	2	7						
			4	7				1
6	4			9		3		
2			7		6			8
		1		5			2	6
9				6	7			
						6	9	
		8					4	

258

	9	5						
8					6	4		
			4				5	7
				5			1	6
		1	7		2	8		
9	6			8				
1	8				7			
		4	9					3
						1	7	

259

				5			2	
		8		2				3
	5		4			6		
4			7		9			6
		1				9		
5			6		4			2
		6			8		1	
1				6		2		
	4			9				

260

						4		6
				3	6		5	
2		7			8			
	1			8	3		7	
5								9
	7		9	2			6	
			3			5		8
	8		7	1				
9		3						

261

7				1				
		6	2			7		
1					4	6		
4			6			1	9	
				4				
	7	2			1			3
		8	9					6
		7			2	5		
				7				9

262

		2						3
	5			8		2		
	3		6			8		
	9				1			2
8				2				4
2			7				8	
		7			8		6	
		6		4			1	
5						9		

263

5				6	9			
							3	
1			7			8		4
		9	2		5		7	
	5		1		3	9		
7		8			6			5
	2							
			4	3				6

264

	3	4			2			
	9					3		2
				7			8	
		6	5					9
			2		8			
1					9	5		
	6			1				
3		5					1	
			6			9	5	

265

			4	5				
1			2					6
	4					9	2	
7			5				8	
		9	3		7	2		
	1				9			5
	8	1					6	
2					5			1
				2	8			

266

1							6	4
	5			8				
			3			9		
2		5			4	1		
		3		9		7		
		1	2			3		6
		7			3			
				4			9	
4	6							8

267

		6	2		5		3	
	4		9					6
							8	1
	3			2				
6			4		1			7
				6			5	
7	2							
3					2		7	
	9		8		7	6		

268

								9
3				6			1	
9				3	1	2		
		3	4		2			7
		5				4		
7			6		5	8		
		9	1	2				3
	5			9				8
1								

269

	6	7	4				3	
8				9				
2							6	8
		2			9			
	9		1		3		4	
			2			3		
3	2							4
				5				3
	4				6	5	7	

270

		3	5					9
9					2	6	8	
	8			4				
	5				1	2		
			4		8			
		4	6				5	
				6			1	
	2	6	1					3
1					3	7		

271

				8	2	7		
3	8							5
		4				3		6
	2	3	8					
			5		7			
					6	8	4	
5		1				6		
7							1	8
		6	9	1				

272

	5		2	1		3		
						8		2
1			8					
	9				4	5		
	1			5			7	
		4	3				2	
					9			6
2		1						
		7		3	8		5	

273

7	4							
	6		3		8	1		
	8			2				3
		1	9			6		
				8				
		7			1	4		
9				6			2	
		8	7		2		4	
							8	5

274

9			6					
1			8			9	6	
2				9	5			
		5		3	8			
	2						3	
			4	6		1		
			3	7				6
	7	9			1			8
					6			5

275

					9		2	
		5		7		3		
	4	2	8				7	
7		8	5					
				9				
					7	5		6
	6				8	7	1	
		4		3		2		
	1		6					

CHALLENGER

276

	9			3	5			1
1						5		
2				9			6	7
			5			6		
		8	2		7	4		
		2			6			
7	4			2				8
		6						5
3			1	5			4	

277

	9	2		8		4		
1			4			7		
			1				2	3
		7			8		5	
3			7		9			6
	1		6			8		
2	6				4			
		4			1			2
		1		6		9	7	

CHALLENGER

278

		8			3		7	
		6		7		2	4	
	5				4			9
			1		2		6	
6								7
	4		7		6			
2			5				3	
	8	5		4		1		
	7		6			9		

279

					6		7	2
4	2		8			5		
			3				4	
			9	2		1	5	
5								3
	1	2		4	3			
	8				4			
		7			5		2	6
1	4		2					

CHALLENGER

280

	2				1	7		
							5	
	8	7	6					1
		1		2		6		5
4				9				7
6		2		8		9		
9					4	3	6	
	1							
		3	5				9	

281

	8	7			5	9		
6			9					
				6			4	
3			1				2	
	1			3			9	
	9				2			4
	7			1				
					8			2
		6	2			3	5	

CHALLENGER

282

	5		1					
	4				6	1		5
6				8		9		2
	7				5			3
		6		4		5		
8			6				2	
5		3		7				4
4		1	3				9	
					2		5	

283

								4
		4		5		8	9	
9	2		4			1		
	7		3			9		2
	3			1			7	
6		2			7		3	
		1			4		8	6
	6	8		7		4		
2								

CHALLENGER

284

1		4					3	
	9			2				1
	8		1	3				4
		9			3			8
	1		6		5		4	
8			7			6		
9				1	6		7	
4				5			9	
	3					8		2

285

				7				2
	4	1			3			9
3					9	1		
	2		5		4			
4								6
			2		6		1	
		4	3					1
9			6			5	8	
2				9				

CHALLENGER

286

6	5			9		4		
		4	8				6	5
			4	5			8	
			9					8
9			1		3			2
7					2			
	2			1	9			
3	1				8	2		
		7		3			1	9

287

	3				8	1		2
	8			2				
					4			7
		6	3	1				4
5		8				2		3
1				8	5	9		
4			7					
				4			2	
8		2	9				6	

CHALLENGER

288

7						9	6	
		2			6			
			7		3		8	5
2		3		4				
4				5				9
				8		1		4
8	7		2		4			
			1			7		
	9	6						2

289

		5	7			2	3	
3			9		2	5		
								4
	5			2		9		7
			8		7			
7		2		6			4	
5								
		8	4		1			3
	4	9			5	1		

CHALLENGER

290

		2			4			3
	3	1			8			
				2	6		4	1
	7		4					6
				6				
6					9		7	
8	1		2	4				
			6			3	5	
5			9			8		

291

					7	5		
	2	8						
3	9			8		7		
	4		5			9	2	
9				4				5
	5	7			2		1	
		6		5			3	9
						2	4	
		4	8					

CHALLENGER

292

		7	2	9				1
	8							
1				3			6	
3			6				2	
2			4		7			8
	6				9			4
	1			4				5
							9	
9				1	2	3		

293

8					4		3	
6						1		9
		2		3				
2				1			9	
		7	9		6	5		
	9			2				3
				5		6		
7		9						4
	6		2					7

CHALLENGER

294

	6			4	9			7
		3	2					6
							8	
3			5			9		
	5			7			3	
		1			4			8
	2							
4					2	6		
7			6	3			2	

295

5					6	7		
		2			3		4	
9			2	4				3
				3	5	4		
7		4				3		9
		1	4	7				
4				8	1			5
	3		5			6		
		5	9					4

CHALLENGER

296

		4			2		6	3
	8		4					1
	5		8			7		2
	7			3			5	
9		1			7		3	
2					1		4	
6	4		5			9		

297

		7						
	2			7	8		9	
	1					6		4
	4				6			7
		9		3		4		
1			2				8	
7		5					1	
	8		3	9			2	
						9		

CHALLENGER

298

	3				1		2	
		6				3		
			4	3	5			1
	6	5			4	7		
9				7				4
		4	6			1	9	
2			3	8	7			
		7				8		
	8		1				5	

299

	1	6	4				8	
4	5		8					9
				5		4		
1		5				8		
			3	4	6			
		2				9		3
		9		2				
5					4		2	7
	2				7	1	9	

CHALLENGER

300

						3	2	
3		8		5			1	
9			6					
			4		2		3	
1								8
	7		1		5			
					7			6
	6			4		8		1
	5	1						

SOLUTIONS

1

7	5	1	9	8	3	4	6	2
6	2	4	5	1	7	9	3	8
8	3	9	4	6	2	1	7	5
2	6	7	3	4	8	5	1	9
5	4	3	1	9	6	8	2	7
9	1	8	2	7	5	6	4	3
1	8	5	7	3	4	2	9	6
4	7	6	8	2	9	3	5	1
3	9	2	6	5	1	7	8	4

2

2	8	6	3	1	9	4	7	5
1	3	7	4	2	5	9	8	6
4	9	5	7	6	8	1	2	3
6	4	9	5	7	1	2	3	8
7	1	2	6	8	3	5	4	9
8	5	3	2	9	4	7	6	1
5	2	4	9	3	6	8	1	7
9	6	8	1	4	7	3	5	2
3	7	1	8	5	2	6	9	4

3

9	4	3	5	6	1	2	8	7
1	2	8	3	7	4	5	9	6
5	7	6	9	2	8	1	3	4
4	6	2	1	3	9	7	5	8
7	3	1	8	5	6	9	4	2
8	5	9	7	4	2	6	1	3
2	8	5	6	1	3	4	7	9
6	9	7	4	8	5	3	2	1
3	1	4	2	9	7	8	6	5

4

9	6	5	2	1	8	4	7	3
7	3	4	9	5	6	2	1	8
2	8	1	7	4	3	6	5	9
8	5	7	4	9	2	3	6	1
6	1	3	5	8	7	9	4	2
4	9	2	3	6	1	7	8	5
1	7	8	6	2	9	5	3	4
5	2	6	1	3	4	8	9	7
3	4	9	8	7	5	1	2	6

5

1	9	2	8	5	6	3	7	4
3	7	5	4	9	1	6	8	2
8	6	4	7	3	2	1	9	5
4	1	8	6	2	7	9	5	3
2	3	6	9	4	5	7	1	8
7	5	9	3	1	8	4	2	6
6	2	3	5	7	9	8	4	1
9	4	1	2	8	3	5	6	7
5	8	7	1	6	4	2	3	9

6

3	1	9	6	5	8	7	4	2
6	2	4	1	7	9	8	3	5
7	8	5	3	2	4	6	1	9
5	9	7	4	6	1	2	8	3
4	6	2	8	3	7	9	5	1
8	3	1	5	9	2	4	7	6
1	7	3	9	8	6	5	2	4
9	5	8	2	4	3	1	6	7
2	4	6	7	1	5	3	9	8

7

1	6	4	2	8	7	3	9	5
3	8	2	9	5	4	7	1	6
7	9	5	1	6	3	8	2	4
6	1	7	8	4	9	5	3	2
4	5	3	6	7	2	9	8	1
8	2	9	5	3	1	4	6	7
5	3	1	7	2	8	6	4	9
2	7	8	4	9	6	1	5	3
9	4	6	3	1	5	2	7	8

8

3	9	7	8	5	6	2	1	4
4	2	5	3	1	9	6	8	7
6	1	8	7	2	4	5	9	3
8	6	4	9	7	1	3	5	2
2	7	9	5	4	3	1	6	8
5	3	1	2	6	8	7	4	9
9	5	6	4	3	2	8	7	1
7	8	3	1	9	5	4	2	6
1	4	2	6	8	7	9	3	5

9

5	3	8	6	9	4	2	1	7
9	6	2	8	1	7	3	5	4
7	4	1	5	2	3	9	6	8
6	9	7	4	3	5	8	2	1
8	2	5	1	6	9	7	4	3
4	1	3	7	8	2	6	9	5
2	5	4	3	7	6	1	8	9
1	7	6	9	4	8	5	3	2
3	8	9	2	5	1	4	7	6

10

2	5	3	7	8	1	6	9	4
8	1	9	5	4	6	7	3	2
7	4	6	3	9	2	8	5	1
6	7	1	2	5	4	3	8	9
5	9	8	1	7	3	2	4	6
3	2	4	9	6	8	1	7	5
1	3	7	4	2	9	5	6	8
4	8	2	6	3	5	9	1	7
9	6	5	8	1	7	4	2	3

11

4	6	5	1	9	2	8	3	7
9	7	3	8	5	6	2	4	1
1	8	2	3	4	7	6	9	5
5	4	7	6	8	1	9	2	3
3	1	8	4	2	9	5	7	6
2	9	6	5	7	3	1	8	4
7	5	1	9	3	8	4	6	2
6	2	9	7	1	4	3	5	8
8	3	4	2	6	5	7	1	9

12

1	6	9	2	3	4	5	7	8
4	8	5	9	6	7	3	1	2
3	7	2	8	5	1	6	9	4
9	2	6	3	7	8	4	5	1
8	1	4	5	2	9	7	3	6
5	3	7	4	1	6	8	2	9
7	9	1	6	8	5	2	4	3
2	4	8	7	9	3	1	6	5
6	5	3	1	4	2	9	8	7

13

5	3	1	6	9	2	4	8	7
4	9	7	8	1	5	6	2	3
2	8	6	4	7	3	9	5	1
3	2	8	9	6	1	7	4	5
9	1	4	5	2	7	8	3	6
6	7	5	3	4	8	2	1	9
7	4	2	1	3	9	5	6	8
1	5	9	2	8	6	3	7	4
8	6	3	7	5	4	1	9	2

14

9	1	3	5	4	8	6	2	7
8	4	6	7	1	2	3	5	9
7	5	2	3	9	6	1	8	4
2	9	8	4	3	1	5	7	6
3	6	4	2	5	7	8	9	1
5	7	1	6	8	9	2	4	3
4	8	7	1	2	3	9	6	5
6	3	9	8	7	5	4	1	2
1	2	5	9	6	4	7	3	8

15

7	6	9	1	5	2	8	3	4
4	5	1	3	9	8	2	6	7
8	3	2	7	4	6	9	5	1
2	4	7	6	8	5	1	9	3
5	8	3	9	1	4	7	2	6
1	9	6	2	7	3	5	4	8
9	2	8	4	6	1	3	7	5
6	7	5	8	3	9	4	1	2
3	1	4	5	2	7	6	8	9

16

2	3	7	5	1	8	4	9	6
9	8	6	4	3	7	1	2	5
5	1	4	9	6	2	7	8	3
3	5	2	7	4	9	8	6	1
6	9	8	2	5	1	3	4	7
7	4	1	3	8	6	9	5	2
1	6	9	8	7	5	2	3	4
8	7	3	6	2	4	5	1	9
4	2	5	1	9	3	6	7	8

17

6	3	8	5	7	1	9	2	4
2	5	4	8	9	3	1	7	6
7	1	9	6	2	4	5	8	3
9	4	2	7	5	8	3	6	1
3	6	1	2	4	9	7	5	8
8	7	5	1	3	6	4	9	2
5	8	6	4	1	7	2	3	9
1	9	7	3	8	2	6	4	5
4	2	3	9	6	5	8	1	7

18

2	4	3	9	1	5	7	8	6
9	5	8	6	3	7	2	4	1
1	7	6	2	8	4	9	3	5
5	8	2	3	6	1	4	9	7
6	9	4	7	5	2	8	1	3
7	3	1	4	9	8	6	5	2
3	1	7	8	2	9	5	6	4
4	6	9	5	7	3	1	2	8
8	2	5	1	4	6	3	7	9

19

4	9	6	5	7	2	8	1	3
2	8	5	3	4	1	7	9	6
1	7	3	6	8	9	4	2	5
9	2	1	4	6	8	5	3	7
6	5	8	1	3	7	2	4	9
3	4	7	9	2	5	6	8	1
8	6	9	2	5	3	1	7	4
5	3	2	7	1	4	9	6	8
7	1	4	8	9	6	3	5	2

20

7	1	9	5	2	8	3	4	6
5	3	4	9	6	7	2	8	1
2	8	6	3	4	1	7	5	9
1	2	8	6	5	3	9	7	4
4	9	5	7	8	2	1	6	3
3	6	7	1	9	4	8	2	5
6	7	3	2	1	5	4	9	8
9	4	2	8	3	6	5	1	7
8	5	1	4	7	9	6	3	2

21

3	6	5	9	7	2	4	8	1
9	1	7	8	6	4	2	5	3
4	2	8	5	3	1	6	7	9
1	7	2	4	5	6	9	3	8
6	5	9	2	8	3	7	1	4
8	4	3	1	9	7	5	6	2
5	9	1	7	2	8	3	4	6
2	8	6	3	4	5	1	9	7
7	3	4	6	1	9	8	2	5

22

3	4	7	5	2	1	9	8	6
5	1	9	3	8	6	7	4	2
6	8	2	4	9	7	1	5	3
2	7	6	8	5	9	3	1	4
4	9	5	1	7	3	2	6	8
8	3	1	6	4	2	5	9	7
9	6	8	7	3	5	4	2	1
7	5	4	2	1	8	6	3	9
1	2	3	9	6	4	8	7	5

23

2	6	4	5	9	3	1	8	7
9	5	7	8	4	1	6	2	3
1	8	3	6	7	2	4	5	9
7	9	2	3	1	8	5	6	4
6	4	1	9	5	7	8	3	2
8	3	5	4	2	6	7	9	1
4	7	9	2	6	5	3	1	8
3	1	6	7	8	9	2	4	5
5	2	8	1	3	4	9	7	6

24

1	7	8	6	3	5	9	4	2
3	9	5	8	2	4	6	7	1
6	2	4	7	9	1	3	8	5
7	1	6	2	4	8	5	3	9
4	5	9	3	6	7	1	2	8
8	3	2	5	1	9	4	6	7
5	6	3	1	7	2	8	9	4
2	4	1	9	8	3	7	5	6
9	8	7	4	5	6	2	1	3

25

6	7	4	5	1	9	8	2	3
1	3	5	8	7	2	4	6	9
8	2	9	3	6	4	5	1	7
7	5	3	1	4	6	9	8	2
4	1	2	9	8	7	3	5	6
9	8	6	2	5	3	7	4	1
5	9	1	7	2	8	6	3	4
2	6	7	4	3	5	1	9	8
3	4	8	6	9	1	2	7	5

26

7	9	3	5	8	6	2	4	1
2	5	4	1	9	3	8	7	6
1	6	8	2	7	4	5	9	3
3	4	1	8	5	9	6	2	7
9	2	7	3	6	1	4	8	5
5	8	6	7	4	2	3	1	9
4	3	5	9	1	8	7	6	2
6	1	2	4	3	7	9	5	8
8	7	9	6	2	5	1	3	4

27

7	4	6	1	9	2	8	5	3
2	9	1	3	5	8	6	4	7
5	8	3	4	6	7	1	9	2
3	1	8	2	7	5	9	6	4
9	2	5	6	4	3	7	8	1
6	7	4	9	8	1	2	3	5
8	5	2	7	3	6	4	1	9
4	6	7	5	1	9	3	2	8
1	3	9	8	2	4	5	7	6

28

4	8	1	6	5	2	3	9	7
3	7	2	8	4	9	1	6	5
9	6	5	1	3	7	2	8	4
1	9	4	5	6	8	7	3	2
5	3	8	7	2	1	9	4	6
7	2	6	3	9	4	5	1	8
2	5	9	4	1	6	8	7	3
8	4	3	9	7	5	6	2	1
6	1	7	2	8	3	4	5	9

29

1	2	8	4	6	7	3	5	9
9	6	3	1	8	5	7	4	2
4	7	5	9	3	2	8	1	6
5	4	7	8	2	1	6	9	3
8	3	1	5	9	6	4	2	7
2	9	6	7	4	3	5	8	1
6	1	4	3	5	9	2	7	8
7	8	2	6	1	4	9	3	5
3	5	9	2	7	8	1	6	4

30

2	9	1	5	3	4	6	8	7
8	3	7	6	9	1	2	4	5
4	5	6	2	8	7	3	9	1
1	7	8	3	5	2	9	6	4
3	6	5	7	4	9	8	1	2
9	4	2	8	1	6	7	5	3
7	1	4	9	2	8	5	3	6
6	8	3	4	7	5	1	2	9
5	2	9	1	6	3	4	7	8

31

6	9	5	1	8	2	4	7	3
3	8	7	4	9	6	2	1	5
4	2	1	7	3	5	9	6	8
1	7	3	6	4	9	5	8	2
8	5	6	3	2	1	7	4	9
2	4	9	8	5	7	6	3	1
9	3	8	2	6	4	1	5	7
5	1	4	9	7	3	8	2	6
7	6	2	5	1	8	3	9	4

32

9	7	4	1	3	5	6	8	2
6	3	1	7	8	2	5	9	4
2	5	8	4	9	6	3	1	7
3	1	2	5	4	8	7	6	9
4	8	9	6	7	3	2	5	1
5	6	7	2	1	9	8	4	3
1	2	6	3	5	4	9	7	8
8	4	3	9	6	7	1	2	5
7	9	5	8	2	1	4	3	6

33

8	6	3	4	1	5	7	2	9
2	5	7	3	6	9	4	1	8
4	1	9	2	7	8	3	6	5
5	8	1	9	3	2	6	7	4
3	9	6	8	4	7	1	5	2
7	4	2	1	5	6	9	8	3
1	2	4	7	8	3	5	9	6
6	3	8	5	9	1	2	4	7
9	7	5	6	2	4	8	3	1

34

3	1	5	8	7	4	6	2	9
4	8	6	3	2	9	5	7	1
7	2	9	5	1	6	8	4	3
2	6	7	1	9	8	3	5	4
9	4	8	6	5	3	2	1	7
1	5	3	2	4	7	9	8	6
6	9	2	7	8	1	4	3	5
5	7	4	9	3	2	1	6	8
8	3	1	4	6	5	7	9	2

35

2	7	1	5	9	3	4	8	6
3	4	6	8	2	7	9	1	5
9	5	8	1	6	4	2	3	7
7	6	5	9	8	2	1	4	3
1	8	2	3	4	6	7	5	9
4	9	3	7	5	1	8	6	2
6	3	7	4	1	9	5	2	8
5	2	4	6	7	8	3	9	1
8	1	9	2	3	5	6	7	4

36

1	7	9	2	8	3	6	4	5
6	2	4	5	1	7	9	3	8
3	5	8	4	6	9	7	2	1
7	8	3	6	5	4	2	1	9
5	4	2	3	9	1	8	6	7
9	6	1	7	2	8	3	5	4
8	9	6	1	3	5	4	7	2
2	1	7	9	4	6	5	8	3
4	3	5	8	7	2	1	9	6

37

6	2	1	8	3	9	4	7	5
9	5	4	1	7	2	8	6	3
7	8	3	4	5	6	1	9	2
3	9	6	7	8	5	2	1	4
2	4	5	6	1	3	9	8	7
1	7	8	9	2	4	3	5	6
4	3	9	5	6	1	7	2	8
5	1	7	2	4	8	6	3	9
8	6	2	3	9	7	5	4	1

38

5	6	2	3	8	7	4	1	9
3	7	4	9	1	2	8	5	6
1	8	9	5	6	4	2	3	7
9	2	6	7	5	3	1	4	8
7	1	5	4	9	8	3	6	2
4	3	8	1	2	6	7	9	5
6	4	3	2	7	5	9	8	1
2	5	1	8	3	9	6	7	4
8	9	7	6	4	1	5	2	3

39

4	5	6	1	7	3	8	9	2
3	2	8	9	4	5	6	1	7
7	1	9	8	6	2	4	5	3
9	8	7	4	1	6	3	2	5
2	6	1	3	5	8	7	4	9
5	3	4	7	2	9	1	6	8
6	9	3	5	8	1	2	7	4
1	4	5	2	3	7	9	8	6
8	7	2	6	9	4	5	3	1

40

4	9	8	7	1	5	3	2	6
1	7	3	6	9	2	8	5	4
5	2	6	4	3	8	9	7	1
9	6	1	3	2	7	5	4	8
7	8	4	9	5	6	2	1	3
2	3	5	1	8	4	7	6	9
8	5	9	2	6	1	4	3	7
6	4	2	8	7	3	1	9	5
3	1	7	5	4	9	6	8	2

41

1	3	5	6	7	9	8	2	4
8	2	6	4	1	3	9	5	7
7	4	9	2	5	8	1	3	6
6	9	2	5	4	7	3	8	1
5	8	3	1	9	6	4	7	2
4	7	1	8	3	2	6	9	5
9	1	8	7	6	5	2	4	3
2	5	4	3	8	1	7	6	9
3	6	7	9	2	4	5	1	8

42

9	1	5	2	3	6	4	8	7
8	4	3	5	9	7	6	2	1
6	2	7	8	1	4	5	3	9
4	3	9	1	5	2	8	7	6
2	5	6	7	8	3	9	1	4
7	8	1	6	4	9	2	5	3
5	9	4	3	2	1	7	6	8
1	6	2	9	7	8	3	4	5
3	7	8	4	6	5	1	9	2

43

5	2	4	8	6	3	1	7	9
3	8	6	9	1	7	2	4	5
1	9	7	5	4	2	8	3	6
8	3	2	6	7	9	5	1	4
7	4	1	3	5	8	6	9	2
6	5	9	1	2	4	3	8	7
4	1	8	2	9	6	7	5	3
9	6	5	7	3	1	4	2	8
2	7	3	4	8	5	9	6	1

44

7	4	9	8	6	2	1	5	3
3	1	2	5	7	4	9	6	8
5	8	6	3	9	1	2	4	7
8	9	1	4	2	6	7	3	5
2	5	4	1	3	7	8	9	6
6	3	7	9	8	5	4	2	1
9	2	8	7	5	3	6	1	4
4	6	3	2	1	8	5	7	9
1	7	5	6	4	9	3	8	2

45

5	6	3	1	7	2	9	4	8
7	2	4	8	9	5	1	6	3
1	8	9	4	6	3	2	5	7
2	7	5	6	4	1	3	8	9
8	4	6	3	2	9	5	7	1
3	9	1	5	8	7	6	2	4
6	1	7	9	5	8	4	3	2
9	5	8	2	3	4	7	1	6
4	3	2	7	1	6	8	9	5

46

4	6	5	8	1	9	3	2	7
2	9	1	3	5	7	6	8	4
3	7	8	4	2	6	5	1	9
1	5	3	2	8	4	9	7	6
7	4	9	1	6	5	8	3	2
6	8	2	7	9	3	1	4	5
9	1	4	6	3	2	7	5	8
5	3	7	9	4	8	2	6	1
8	2	6	5	7	1	4	9	3

47

1	8	3	4	6	5	9	2	7
4	2	5	8	7	9	3	1	6
7	6	9	3	2	1	8	4	5
8	3	4	9	1	7	5	6	2
5	9	7	6	4	2	1	8	3
6	1	2	5	8	3	7	9	4
2	7	8	1	3	6	4	5	9
9	4	6	7	5	8	2	3	1
3	5	1	2	9	4	6	7	8

48

8	9	7	4	1	6	5	3	2
4	1	2	9	3	5	7	8	6
6	3	5	8	7	2	1	4	9
7	5	9	3	2	4	6	1	8
2	6	3	5	8	1	4	9	7
1	4	8	6	9	7	2	5	3
3	7	4	1	6	9	8	2	5
9	2	1	7	5	8	3	6	4
5	8	6	2	4	3	9	7	1

49

2	7	5	8	6	3	4	9	1
6	3	4	1	9	5	2	7	8
8	1	9	7	2	4	5	3	6
9	4	1	2	5	7	8	6	3
7	2	6	9	3	8	1	4	5
5	8	3	4	1	6	7	2	9
1	9	8	3	7	2	6	5	4
4	6	2	5	8	9	3	1	7
3	5	7	6	4	1	9	8	2

50

9	8	2	1	4	6	3	5	7
4	7	6	5	3	2	9	1	8
1	5	3	8	9	7	4	2	6
5	9	1	4	6	3	7	8	2
2	6	4	9	7	8	5	3	1
8	3	7	2	5	1	6	4	9
3	1	5	6	2	9	8	7	4
7	2	9	3	8	4	1	6	5
6	4	8	7	1	5	2	9	3

51

9	2	6	3	5	1	8	7	4
4	1	8	7	2	6	9	3	5
7	5	3	9	4	8	6	2	1
1	6	4	5	9	3	2	8	7
8	7	5	1	6	2	3	4	9
3	9	2	8	7	4	5	1	6
5	8	9	4	3	7	1	6	2
2	3	7	6	1	5	4	9	8
6	4	1	2	8	9	7	5	3

52

6	4	7	9	1	5	2	8	3
2	3	5	6	7	8	9	1	4
1	8	9	2	3	4	6	7	5
9	7	6	1	5	2	3	4	8
5	2	4	3	8	6	1	9	7
3	1	8	7	4	9	5	2	6
7	9	2	8	6	3	4	5	1
4	6	1	5	2	7	8	3	9
8	5	3	4	9	1	7	6	2

53

6	2	4	3	7	1	8	5	9
3	5	8	9	6	4	7	2	1
1	7	9	8	2	5	4	3	6
9	1	5	2	4	3	6	8	7
7	3	2	6	1	8	5	9	4
8	4	6	7	5	9	3	1	2
2	8	7	1	3	6	9	4	5
4	6	3	5	9	2	1	7	8
5	9	1	4	8	7	2	6	3

54

7	5	9	3	4	1	6	2	8
4	8	1	6	2	5	7	3	9
2	6	3	8	9	7	5	1	4
8	3	5	2	1	9	4	7	6
1	9	4	7	3	6	8	5	2
6	2	7	5	8	4	3	9	1
3	1	8	4	7	2	9	6	5
9	7	6	1	5	8	2	4	3
5	4	2	9	6	3	1	8	7

55

9	8	2	6	1	5	7	4	3
7	1	6	4	3	9	2	8	5
3	4	5	8	7	2	6	1	9
8	7	4	9	5	3	1	6	2
6	2	3	1	8	7	9	5	4
1	5	9	2	4	6	3	7	8
5	9	7	3	6	4	8	2	1
2	6	1	5	9	8	4	3	7
4	3	8	7	2	1	5	9	6

56

9	7	8	5	4	6	1	3	2
3	5	6	2	1	8	7	9	4
1	2	4	3	7	9	6	8	5
2	9	1	6	8	7	4	5	3
8	6	3	4	9	5	2	1	7
7	4	5	1	2	3	8	6	9
4	8	2	9	5	1	3	7	6
5	3	7	8	6	2	9	4	1
6	1	9	7	3	4	5	2	8

57

5	4	8	7	3	2	1	6	9
3	9	1	8	6	5	2	4	7
6	7	2	1	4	9	8	3	5
7	8	6	2	9	3	4	5	1
4	2	3	6	5	1	9	7	8
1	5	9	4	8	7	6	2	3
9	1	4	5	7	6	3	8	2
2	6	5	3	1	8	7	9	4
8	3	7	9	2	4	5	1	6

58

7	5	9	3	6	8	2	4	1
8	3	1	7	4	2	9	6	5
6	4	2	1	5	9	3	8	7
9	2	7	6	1	4	5	3	8
3	8	4	9	7	5	1	2	6
1	6	5	8	2	3	7	9	4
4	1	6	2	9	7	8	5	3
2	7	3	5	8	6	4	1	9
5	9	8	4	3	1	6	7	2

59

9	4	1	8	6	5	2	3	7
6	3	5	9	7	2	8	1	4
7	8	2	4	3	1	5	9	6
5	6	8	1	2	4	9	7	3
3	1	4	7	5	9	6	8	2
2	7	9	6	8	3	4	5	1
1	2	7	5	9	6	3	4	8
8	5	6	3	4	7	1	2	9
4	9	3	2	1	8	7	6	5

60

9	8	2	6	4	3	5	7	1
1	5	6	8	9	7	2	4	3
3	7	4	1	5	2	9	8	6
7	6	1	5	3	9	8	2	4
5	4	9	2	8	6	1	3	7
2	3	8	7	1	4	6	9	5
4	1	3	9	2	5	7	6	8
8	9	7	4	6	1	3	5	2
6	2	5	3	7	8	4	1	9

61

1	4	2	3	5	6	9	7	8
6	5	7	8	2	9	1	4	3
8	9	3	1	4	7	5	6	2
7	6	4	5	8	1	3	2	9
3	8	9	7	6	2	4	5	1
2	1	5	9	3	4	7	8	6
5	7	8	6	9	3	2	1	4
4	3	1	2	7	8	6	9	5
9	2	6	4	1	5	8	3	7

62

2	7	8	4	9	6	1	3	5
5	1	3	2	8	7	9	6	4
6	4	9	5	3	1	8	2	7
8	9	7	3	6	4	5	1	2
3	5	4	1	2	8	6	7	9
1	6	2	7	5	9	4	8	3
9	3	1	8	4	2	7	5	6
4	8	5	6	7	3	2	9	1
7	2	6	9	1	5	3	4	8

63

2	4	5	8	1	3	7	6	9
8	3	6	7	9	2	1	4	5
1	7	9	4	5	6	8	2	3
3	6	2	5	7	1	9	8	4
4	9	1	3	6	8	2	5	7
7	5	8	2	4	9	3	1	6
9	1	7	6	8	5	4	3	2
6	8	3	9	2	4	5	7	1
5	2	4	1	3	7	6	9	8

64

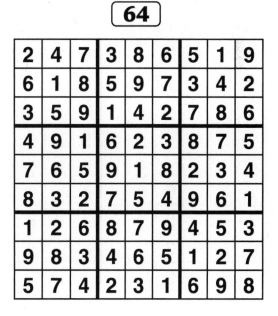

2	4	7	3	8	6	5	1	9
6	1	8	5	9	7	3	4	2
3	5	9	1	4	2	7	8	6
4	9	1	6	2	3	8	7	5
7	6	5	9	1	8	2	3	4
8	3	2	7	5	4	9	6	1
1	2	6	8	7	9	4	5	3
9	8	3	4	6	5	1	2	7
5	7	4	2	3	1	6	9	8

65

6	8	1	4	9	5	7	3	2
3	5	4	6	2	7	8	9	1
2	7	9	1	8	3	5	6	4
9	3	5	2	6	8	1	4	7
1	6	7	3	5	4	9	2	8
4	2	8	7	1	9	3	5	6
7	1	2	5	3	6	4	8	9
8	4	3	9	7	2	6	1	5
5	9	6	8	4	1	2	7	3

66

5	1	9	4	3	2	6	7	8
2	4	6	9	8	7	5	1	3
7	8	3	6	5	1	2	4	9
6	7	2	5	4	8	3	9	1
3	9	4	1	2	6	7	8	5
8	5	1	7	9	3	4	6	2
9	6	7	3	1	5	8	2	4
1	3	8	2	7	4	9	5	6
4	2	5	8	6	9	1	3	7

67

8	2	6	7	1	4	9	5	3
3	9	4	2	8	5	6	7	1
1	7	5	9	6	3	8	2	4
7	4	8	1	3	2	5	9	6
2	1	9	8	5	6	3	4	7
6	5	3	4	7	9	1	8	2
5	3	2	6	4	8	7	1	9
4	8	7	3	9	1	2	6	5
9	6	1	5	2	7	4	3	8

68

1	7	9	4	8	5	6	3	2
2	6	5	1	3	7	9	4	8
4	8	3	6	2	9	5	1	7
7	3	6	9	1	4	8	2	5
5	9	2	3	6	8	1	7	4
8	1	4	5	7	2	3	6	9
6	4	7	8	9	3	2	5	1
3	5	8	2	4	1	7	9	6
9	2	1	7	5	6	4	8	3

69

8	1	6	5	9	4	2	3	7
5	4	9	7	2	3	8	1	6
2	7	3	8	6	1	5	4	9
6	8	2	4	7	9	1	5	3
4	5	7	3	1	6	9	8	2
9	3	1	2	8	5	7	6	4
7	2	4	6	5	8	3	9	1
1	6	5	9	3	2	4	7	8
3	9	8	1	4	7	6	2	5

70

1	2	6	3	9	5	8	7	4
7	3	5	1	4	8	2	9	6
9	8	4	6	7	2	3	1	5
3	9	7	4	8	6	1	5	2
5	4	8	2	1	7	6	3	9
6	1	2	9	5	3	4	8	7
2	5	9	8	6	1	7	4	3
8	7	3	5	2	4	9	6	1
4	6	1	7	3	9	5	2	8

71

5	7	6	1	9	2	3	4	8
4	3	2	7	8	5	9	1	6
9	1	8	6	3	4	5	2	7
8	6	3	4	7	9	2	5	1
1	4	9	2	5	6	8	7	3
7	2	5	8	1	3	4	6	9
2	8	4	9	6	1	7	3	5
3	9	1	5	4	7	6	8	2
6	5	7	3	2	8	1	9	4

72

8	5	3	1	2	4	9	6	7
9	7	2	3	5	6	8	1	4
4	6	1	9	8	7	3	5	2
1	9	7	8	6	2	4	3	5
6	3	5	4	9	1	2	7	8
2	4	8	7	3	5	6	9	1
3	1	4	2	7	9	5	8	6
5	2	9	6	1	8	7	4	3
7	8	6	5	4	3	1	2	9

73

5	8	3	6	4	2	7	9	1
7	1	9	5	3	8	6	4	2
6	4	2	9	1	7	8	3	5
4	7	1	2	8	3	9	5	6
3	9	8	4	6	5	1	2	7
2	6	5	7	9	1	3	8	4
1	3	6	8	5	4	2	7	9
8	2	4	1	7	9	5	6	3
9	5	7	3	2	6	4	1	8

74

5	3	1	9	6	4	2	8	7
6	4	8	2	1	7	9	5	3
9	7	2	8	3	5	6	1	4
1	6	3	5	7	2	4	9	8
4	9	5	6	8	3	7	2	1
2	8	7	1	4	9	5	3	6
3	5	4	7	2	1	8	6	9
8	1	9	4	5	6	3	7	2
7	2	6	3	9	8	1	4	5

75

7	5	6	3	9	2	8	4	1
2	9	4	7	1	8	5	6	3
1	8	3	6	4	5	9	7	2
5	3	2	8	7	1	6	9	4
8	6	7	9	2	4	1	3	5
4	1	9	5	6	3	2	8	7
9	2	5	4	3	6	7	1	8
6	4	1	2	8	7	3	5	9
3	7	8	1	5	9	4	2	6

76

2	4	1	5	3	6	9	8	7
9	8	6	4	2	7	1	5	3
3	7	5	1	8	9	4	6	2
7	5	8	9	6	3	2	4	1
4	6	9	2	1	5	7	3	8
1	3	2	8	7	4	5	9	6
5	1	7	6	9	8	3	2	4
8	9	3	7	4	2	6	1	5
6	2	4	3	5	1	8	7	9

77

8	6	5	3	4	2	9	1	7
4	1	9	8	5	7	6	3	2
7	2	3	9	6	1	8	4	5
2	4	7	6	8	9	3	5	1
9	3	6	7	1	5	2	8	4
1	5	8	2	3	4	7	6	9
5	8	2	1	9	3	4	7	6
3	9	1	4	7	6	5	2	8
6	7	4	5	2	8	1	9	3

78

1	3	7	4	6	8	9	5	2
4	9	6	2	1	5	3	8	7
5	2	8	9	3	7	4	1	6
9	7	1	3	5	2	8	6	4
2	4	5	1	8	6	7	3	9
8	6	3	7	4	9	5	2	1
3	8	4	6	7	1	2	9	5
6	5	9	8	2	4	1	7	3
7	1	2	5	9	3	6	4	8

79

6	2	5	9	4	8	7	3	1
8	1	3	6	5	7	9	2	4
4	7	9	3	2	1	8	6	5
2	3	8	4	1	9	5	7	6
5	6	1	8	7	3	2	4	9
9	4	7	2	6	5	1	8	3
1	9	6	7	8	4	3	5	2
3	8	4	5	9	2	6	1	7
7	5	2	1	3	6	4	9	8

80

8	5	6	9	4	7	2	3	1
1	4	9	2	8	3	5	6	7
7	2	3	5	1	6	4	8	9
9	8	2	3	7	4	6	1	5
4	3	5	6	9	1	8	7	2
6	7	1	8	2	5	9	4	3
3	9	8	7	6	2	1	5	4
5	6	4	1	3	9	7	2	8
2	1	7	4	5	8	3	9	6

81

4	8	9	6	3	7	5	1	2
7	1	5	4	8	2	3	6	9
3	2	6	1	5	9	7	4	8
8	6	4	3	9	5	1	2	7
2	9	7	8	1	6	4	3	5
5	3	1	7	2	4	9	8	6
9	4	8	2	7	3	6	5	1
6	7	2	5	4	1	8	9	3
1	5	3	9	6	8	2	7	4

82

5	7	4	3	6	2	9	8	1
9	6	1	4	8	5	7	3	2
2	8	3	9	7	1	5	4	6
3	4	5	2	9	7	6	1	8
6	1	9	8	3	4	2	7	5
7	2	8	5	1	6	3	9	4
4	9	7	6	2	8	1	5	3
1	5	2	7	4	3	8	6	9
8	3	6	1	5	9	4	2	7

83

2	7	9	8	3	4	6	1	5
4	5	1	2	9	6	8	7	3
8	3	6	5	1	7	9	4	2
9	1	4	7	6	5	2	3	8
3	6	7	1	2	8	5	9	4
5	8	2	3	4	9	7	6	1
7	4	5	9	8	3	1	2	6
6	2	8	4	7	1	3	5	9
1	9	3	6	5	2	4	8	7

84

5	2	8	6	7	3	4	9	1
9	7	3	4	1	5	2	8	6
6	4	1	2	8	9	5	7	3
7	9	5	3	2	8	6	1	4
8	1	4	9	5	6	3	2	7
2	3	6	7	4	1	9	5	8
1	8	9	5	3	4	7	6	2
4	5	2	1	6	7	8	3	9
3	6	7	8	9	2	1	4	5

85

3	5	7	8	2	6	1	4	9
6	2	1	4	3	9	8	7	5
8	4	9	7	1	5	3	6	2
7	6	5	2	9	3	4	1	8
4	1	2	6	7	8	5	9	3
9	8	3	5	4	1	6	2	7
5	9	8	1	6	2	7	3	4
2	7	6	3	5	4	9	8	1
1	3	4	9	8	7	2	5	6

86

4	7	6	3	9	5	8	1	2
9	1	3	2	6	8	4	5	7
5	8	2	4	7	1	6	9	3
3	9	8	7	4	6	1	2	5
2	4	5	1	3	9	7	6	8
1	6	7	8	5	2	9	3	4
8	3	9	6	2	4	5	7	1
7	5	4	9	1	3	2	8	6
6	2	1	5	8	7	3	4	9

87

5	3	6	4	9	7	2	8	1
7	2	1	5	8	3	4	9	6
9	8	4	6	1	2	5	3	7
2	1	3	8	7	9	6	5	4
6	9	5	2	3	4	1	7	8
4	7	8	1	6	5	9	2	3
8	6	2	7	5	1	3	4	9
3	4	7	9	2	6	8	1	5
1	5	9	3	4	8	7	6	2

88

3	1	4	8	2	5	6	7	9
6	5	2	3	9	7	4	8	1
8	7	9	1	6	4	5	2	3
7	9	5	6	1	3	8	4	2
2	6	3	4	5	8	1	9	7
4	8	1	2	7	9	3	6	5
1	3	6	7	4	2	9	5	8
9	2	8	5	3	6	7	1	4
5	4	7	9	8	1	2	3	6

89

6	7	4	2	8	5	9	3	1
5	9	2	1	4	3	7	6	8
1	3	8	7	6	9	4	5	2
7	1	5	4	2	6	8	9	3
8	4	6	3	9	1	2	7	5
3	2	9	5	7	8	6	1	4
2	5	7	9	1	4	3	8	6
9	8	3	6	5	2	1	4	7
4	6	1	8	3	7	5	2	9

90

5	6	3	2	4	7	8	1	9
9	4	8	1	5	3	2	7	6
2	1	7	8	6	9	4	5	3
4	3	5	6	9	1	7	2	8
1	8	9	3	7	2	5	6	4
7	2	6	4	8	5	9	3	1
8	7	4	5	1	6	3	9	2
6	5	2	9	3	8	1	4	7
3	9	1	7	2	4	6	8	5

91

8	3	7	5	6	1	9	2	4
9	4	6	8	7	2	5	3	1
2	1	5	9	3	4	7	8	6
7	5	8	4	2	9	1	6	3
3	2	4	6	1	7	8	9	5
6	9	1	3	8	5	4	7	2
1	6	3	7	4	8	2	5	9
4	8	9	2	5	6	3	1	7
5	7	2	1	9	3	6	4	8

92

1	2	6	5	8	4	3	7	9
4	8	9	7	2	3	5	1	6
7	5	3	1	6	9	4	2	8
3	1	5	8	9	2	6	4	7
6	4	8	3	7	5	2	9	1
9	7	2	4	1	6	8	5	3
2	3	7	9	5	8	1	6	4
8	6	1	2	4	7	9	3	5
5	9	4	6	3	1	7	8	2

93

9	4	1	5	8	3	2	6	7
6	3	7	1	2	9	5	4	8
2	8	5	4	6	7	9	1	3
1	9	3	6	7	5	4	8	2
4	5	2	3	1	8	6	7	9
7	6	8	9	4	2	1	3	5
3	1	9	7	5	6	8	2	4
5	2	4	8	3	1	7	9	6
8	7	6	2	9	4	3	5	1

94

7	9	4	5	2	8	3	1	6
8	5	6	3	7	1	4	2	9
3	1	2	4	6	9	7	8	5
1	6	8	9	3	5	2	7	4
2	7	5	1	4	6	8	9	3
9	4	3	7	8	2	6	5	1
6	8	9	2	1	3	5	4	7
5	3	7	8	9	4	1	6	2
4	2	1	6	5	7	9	3	8

95

7	4	3	9	5	8	6	1	2
5	2	9	1	6	3	7	8	4
1	8	6	7	2	4	5	3	9
8	3	2	4	1	7	9	5	6
9	1	5	2	8	6	3	4	7
4	6	7	3	9	5	8	2	1
2	5	1	6	3	9	4	7	8
3	9	4	8	7	2	1	6	5
6	7	8	5	4	1	2	9	3

96

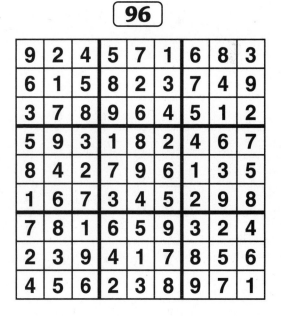

9	2	4	5	7	1	6	8	3
6	1	5	8	2	3	7	4	9
3	7	8	9	6	4	5	1	2
5	9	3	1	8	2	4	6	7
8	4	2	7	9	6	1	3	5
1	6	7	3	4	5	2	9	8
7	8	1	6	5	9	3	2	4
2	3	9	4	1	7	8	5	6
4	5	6	2	3	8	9	7	1

97

1	3	8	2	5	9	7	4	6
6	2	5	8	4	7	3	1	9
7	9	4	3	1	6	2	8	5
8	1	3	5	6	2	9	7	4
4	5	9	7	3	8	6	2	1
2	6	7	4	9	1	8	5	3
9	4	2	1	7	3	5	6	8
5	7	6	9	8	4	1	3	2
3	8	1	6	2	5	4	9	7

98

2	9	4	5	7	8	1	3	6
5	7	3	6	4	1	9	2	8
1	8	6	9	3	2	7	5	4
4	5	8	2	6	7	3	9	1
6	1	2	3	9	5	4	8	7
9	3	7	1	8	4	5	6	2
7	6	5	4	2	9	8	1	3
8	2	9	7	1	3	6	4	5
3	4	1	8	5	6	2	7	9

99

5	4	3	6	2	1	7	9	8
7	9	1	8	3	4	6	5	2
8	6	2	5	7	9	1	4	3
4	2	7	9	1	6	8	3	5
6	8	9	4	5	3	2	1	7
1	3	5	7	8	2	4	6	9
2	1	4	3	9	8	5	7	6
3	7	8	1	6	5	9	2	4
9	5	6	2	4	7	3	8	1

100

4	2	9	3	5	1	7	8	6
7	5	6	4	9	8	1	2	3
1	8	3	6	7	2	4	9	5
2	7	4	9	6	5	8	3	1
5	9	1	8	4	3	6	7	2
6	3	8	2	1	7	9	5	4
3	4	7	5	8	6	2	1	9
8	6	2	1	3	9	5	4	7
9	1	5	7	2	4	3	6	8

101

6	2	8	4	5	9	7	1	3
4	9	3	1	2	7	5	8	6
5	7	1	6	3	8	2	4	9
2	1	4	5	7	6	9	3	8
3	5	6	8	9	2	4	7	1
7	8	9	3	4	1	6	2	5
9	3	5	7	8	4	1	6	2
8	6	7	2	1	5	3	9	4
1	4	2	9	6	3	8	5	7

102

2	7	5	8	6	4	3	9	1
6	4	3	1	5	9	7	2	8
9	8	1	3	7	2	6	4	5
1	6	2	5	3	7	9	8	4
3	9	4	2	1	8	5	7	6
7	5	8	9	4	6	2	1	3
4	2	9	6	8	5	1	3	7
5	1	7	4	9	3	8	6	2
8	3	6	7	2	1	4	5	9

103

3	2	7	1	8	5	6	4	9
6	1	5	9	7	4	8	3	2
8	4	9	3	2	6	1	5	7
4	7	6	5	3	8	2	9	1
9	3	8	2	4	1	7	6	5
2	5	1	7	6	9	3	8	4
7	8	2	4	9	3	5	1	6
5	6	4	8	1	7	9	2	3
1	9	3	6	5	2	4	7	8

104

3	4	1	2	6	8	9	7	5
2	5	9	7	3	1	6	8	4
7	6	8	4	5	9	1	2	3
5	3	7	8	1	6	2	4	9
6	9	2	3	4	7	5	1	8
1	8	4	9	2	5	7	3	6
9	2	3	6	7	4	8	5	1
8	7	5	1	9	3	4	6	2
4	1	6	5	8	2	3	9	7

105

4	8	9	7	5	3	2	6	1
5	6	3	2	1	4	9	7	8
1	2	7	9	6	8	3	4	5
8	7	4	3	9	2	1	5	6
3	5	2	6	7	1	4	8	9
9	1	6	4	8	5	7	3	2
2	3	8	5	4	9	6	1	7
7	4	1	8	2	6	5	9	3
6	9	5	1	3	7	8	2	4

106

1	2	3	9	6	8	7	4	5
4	9	7	3	2	5	6	8	1
5	8	6	7	4	1	2	9	3
3	5	8	2	9	7	1	6	4
7	4	9	1	5	6	3	2	8
2	6	1	4	8	3	9	5	7
9	3	4	5	1	2	8	7	6
6	7	2	8	3	4	5	1	9
8	1	5	6	7	9	4	3	2

107

3	1	5	2	8	4	6	9	7
2	9	8	7	6	1	5	4	3
6	7	4	5	9	3	8	1	2
8	5	1	3	2	7	4	6	9
9	6	2	8	4	5	7	3	1
7	4	3	6	1	9	2	5	8
1	3	7	4	5	8	9	2	6
5	8	6	9	3	2	1	7	4
4	2	9	1	7	6	3	8	5

108

9	6	2	5	3	1	4	8	7
8	4	5	7	6	9	1	3	2
3	1	7	2	4	8	5	9	6
4	5	3	9	7	2	6	1	8
1	9	6	8	5	4	7	2	3
2	7	8	6	1	3	9	4	5
6	3	4	1	8	5	2	7	9
7	8	9	4	2	6	3	5	1
5	2	1	3	9	7	8	6	4

109

4	3	5	1	2	6	8	7	9
2	6	7	9	8	4	5	3	1
1	8	9	3	5	7	4	2	6
6	4	3	2	9	8	1	5	7
7	1	8	5	4	3	6	9	2
9	5	2	7	6	1	3	8	4
8	7	1	6	3	2	9	4	5
3	9	6	4	7	5	2	1	8
5	2	4	8	1	9	7	6	3

110

2	4	1	3	7	6	9	5	8
9	7	8	5	1	4	6	2	3
3	6	5	9	8	2	7	4	1
5	3	7	8	4	1	2	9	6
4	2	9	7	6	3	8	1	5
1	8	6	2	5	9	3	7	4
7	1	3	4	2	8	5	6	9
6	9	2	1	3	5	4	8	7
8	5	4	6	9	7	1	3	2

111

9	1	5	3	2	6	8	7	4
6	3	8	7	5	4	2	1	9
7	2	4	1	8	9	3	5	6
1	6	3	2	7	8	4	9	5
4	7	2	5	9	3	6	8	1
8	5	9	4	6	1	7	3	2
2	9	7	8	4	5	1	6	3
3	4	6	9	1	7	5	2	8
5	8	1	6	3	2	9	4	7

112

9	6	3	2	8	7	1	5	4
5	2	8	1	6	4	7	3	9
1	7	4	5	9	3	6	8	2
2	8	9	3	5	1	4	6	7
6	1	7	9	4	8	3	2	5
4	3	5	6	7	2	8	9	1
7	4	6	8	2	5	9	1	3
3	9	2	7	1	6	5	4	8
8	5	1	4	3	9	2	7	6

113

1	3	2	7	5	6	8	9	4
7	9	4	8	3	1	2	6	5
5	8	6	9	4	2	7	1	3
2	6	8	5	9	7	4	3	1
4	5	3	2	1	8	9	7	6
9	1	7	3	6	4	5	2	8
3	4	9	1	7	5	6	8	2
6	2	1	4	8	9	3	5	7
8	7	5	6	2	3	1	4	9

114

9	3	1	8	4	7	6	2	5
6	5	7	3	9	2	8	1	4
4	2	8	6	5	1	7	3	9
8	9	6	2	1	3	5	4	7
3	7	2	4	6	5	1	9	8
5	1	4	7	8	9	3	6	2
7	6	9	1	2	8	4	5	3
1	8	5	9	3	4	2	7	6
2	4	3	5	7	6	9	8	1

115

6	7	2	4	1	5	3	9	8
3	4	5	9	7	8	1	6	2
9	1	8	2	3	6	5	7	4
5	3	9	1	8	4	6	2	7
7	8	6	5	2	3	4	1	9
4	2	1	6	9	7	8	3	5
2	9	4	8	6	1	7	5	3
8	6	7	3	5	2	9	4	1
1	5	3	7	4	9	2	8	6

116

6	3	8	2	9	4	7	5	1
2	1	4	8	5	7	3	6	9
7	5	9	6	3	1	2	8	4
9	7	1	3	6	2	8	4	5
3	4	2	1	8	5	9	7	6
8	6	5	7	4	9	1	2	3
1	8	6	4	2	3	5	9	7
5	2	3	9	7	6	4	1	8
4	9	7	5	1	8	6	3	2

117

4	2	3	1	7	5	6	9	8
5	9	6	8	3	4	1	2	7
7	8	1	6	2	9	5	3	4
3	6	5	9	1	7	8	4	2
1	7	2	4	5	8	9	6	3
9	4	8	3	6	2	7	1	5
8	3	4	5	9	6	2	7	1
6	1	7	2	8	3	4	5	9
2	5	9	7	4	1	3	8	6

118

7	8	2	6	5	9	3	1	4
5	1	6	7	3	4	8	2	9
9	4	3	2	1	8	7	6	5
2	6	5	9	7	1	4	3	8
4	3	9	8	2	6	5	7	1
8	7	1	3	4	5	2	9	6
1	2	8	5	9	7	6	4	3
3	5	4	1	6	2	9	8	7
6	9	7	4	8	3	1	5	2

119

6	9	7	3	4	8	2	1	5
1	3	8	5	6	2	9	7	4
4	5	2	9	7	1	6	3	8
8	2	1	6	5	9	7	4	3
5	6	3	7	1	4	8	2	9
9	7	4	2	8	3	5	6	1
2	4	5	8	3	6	1	9	7
3	8	6	1	9	7	4	5	2
7	1	9	4	2	5	3	8	6

120

8	7	3	4	5	6	2	9	1
1	2	4	3	8	9	6	5	7
6	5	9	2	1	7	4	3	8
5	4	1	9	6	3	8	7	2
9	3	7	1	2	8	5	6	4
2	8	6	7	4	5	3	1	9
7	9	8	6	3	2	1	4	5
4	6	2	5	9	1	7	8	3
3	1	5	8	7	4	9	2	6

121

4	3	8	7	2	1	9	6	5
7	9	5	8	6	3	2	4	1
6	2	1	5	4	9	7	3	8
8	4	9	2	3	7	5	1	6
1	7	2	6	8	5	3	9	4
5	6	3	1	9	4	8	7	2
2	8	7	3	1	6	4	5	9
9	5	6	4	7	8	1	2	3
3	1	4	9	5	2	6	8	7

122

2	1	8	4	7	9	3	5	6
3	6	7	5	2	1	9	4	8
5	9	4	8	3	6	2	7	1
9	7	3	2	6	5	8	1	4
4	8	5	1	9	7	6	3	2
6	2	1	3	8	4	5	9	7
8	4	9	6	1	3	7	2	5
7	5	6	9	4	2	1	8	3
1	3	2	7	5	8	4	6	9

123

5	7	1	6	9	4	3	8	2
2	6	4	7	8	3	9	1	5
3	8	9	1	2	5	6	4	7
6	2	7	8	3	9	1	5	4
9	4	8	5	1	2	7	3	6
1	5	3	4	6	7	8	2	9
8	3	2	9	5	6	4	7	1
7	9	5	3	4	1	2	6	8
4	1	6	2	7	8	5	9	3

124

2	5	6	3	9	1	7	8	4
1	3	4	7	2	8	6	9	5
7	8	9	6	4	5	2	1	3
4	7	1	5	3	6	8	2	9
9	2	5	8	7	4	1	3	6
8	6	3	2	1	9	5	4	7
3	1	2	9	5	7	4	6	8
5	9	8	4	6	2	3	7	1
6	4	7	1	8	3	9	5	2

125

1	4	5	9	7	8	6	2	3
9	3	2	5	4	6	7	1	8
8	7	6	2	1	3	9	4	5
5	9	4	8	6	1	3	7	2
7	6	3	4	2	9	5	8	1
2	8	1	3	5	7	4	6	9
6	2	7	1	9	5	8	3	4
4	5	8	7	3	2	1	9	6
3	1	9	6	8	4	2	5	7

126

3	1	4	7	5	6	8	2	9
2	6	9	8	4	3	7	1	5
5	7	8	1	9	2	3	6	4
6	4	3	5	7	1	2	9	8
9	5	1	3	2	8	4	7	6
8	2	7	9	6	4	5	3	1
4	3	2	6	8	9	1	5	7
7	8	6	2	1	5	9	4	3
1	9	5	4	3	7	6	8	2

127

8	3	1	6	5	7	9	4	2
4	6	2	9	3	1	8	7	5
5	9	7	8	4	2	3	6	1
2	7	8	3	6	9	1	5	4
9	5	6	1	8	4	2	3	7
1	4	3	7	2	5	6	8	9
7	8	9	5	1	3	4	2	6
6	2	5	4	9	8	7	1	3
3	1	4	2	7	6	5	9	8

128

4	7	3	1	8	5	9	6	2
5	9	8	4	6	2	1	3	7
2	1	6	9	7	3	4	8	5
6	4	1	5	2	8	7	9	3
7	8	9	6	3	1	2	5	4
3	5	2	7	4	9	8	1	6
8	2	4	3	1	6	5	7	9
1	3	5	2	9	7	6	4	8
9	6	7	8	5	4	3	2	1

129

2	9	5	6	4	8	1	3	7
3	4	6	7	2	1	5	8	9
7	8	1	3	5	9	2	6	4
1	7	9	5	3	4	6	2	8
5	6	8	9	1	2	7	4	3
4	3	2	8	7	6	9	5	1
8	1	4	2	9	5	3	7	6
6	5	3	1	8	7	4	9	2
9	2	7	4	6	3	8	1	5

130

7	3	2	6	1	4	5	8	9
1	4	9	8	5	7	3	2	6
6	8	5	2	9	3	1	4	7
4	6	3	7	8	5	2	9	1
5	7	1	9	2	6	8	3	4
2	9	8	3	4	1	6	7	5
3	1	6	4	7	2	9	5	8
9	2	4	5	6	8	7	1	3
8	5	7	1	3	9	4	6	2

131

7	6	9	1	2	8	5	3	4
1	8	3	4	7	5	2	9	6
5	2	4	9	6	3	8	1	7
6	4	1	2	8	7	9	5	3
2	3	5	6	9	4	7	8	1
8	9	7	5	3	1	6	4	2
4	7	2	8	1	9	3	6	5
9	5	6	3	4	2	1	7	8
3	1	8	7	5	6	4	2	9

132

8	1	6	4	5	3	2	9	7
7	5	3	1	2	9	8	6	4
9	4	2	6	7	8	5	3	1
2	9	4	8	3	7	1	5	6
1	3	8	5	9	6	4	7	2
5	6	7	2	4	1	3	8	9
3	8	9	7	1	2	6	4	5
4	7	1	3	6	5	9	2	8
6	2	5	9	8	4	7	1	3

133

1	2	3	6	5	4	9	8	7
4	8	6	7	9	3	5	2	1
7	5	9	1	8	2	6	3	4
2	9	4	5	7	6	8	1	3
5	6	7	8	3	1	4	9	2
3	1	8	2	4	9	7	6	5
6	7	2	9	1	5	3	4	8
9	3	5	4	2	8	1	7	6
8	4	1	3	6	7	2	5	9

134

7	8	6	4	5	9	2	3	1
9	3	1	2	8	6	5	4	7
4	5	2	3	1	7	9	6	8
2	6	4	1	3	8	7	5	9
5	1	7	6	9	2	3	8	4
3	9	8	7	4	5	6	1	2
6	7	3	8	2	1	4	9	5
1	4	9	5	7	3	8	2	6
8	2	5	9	6	4	1	7	3

135

6	1	4	9	7	8	5	2	3
8	3	5	6	1	2	7	9	4
7	9	2	3	5	4	6	8	1
4	2	9	8	6	3	1	7	5
3	5	8	7	9	1	4	6	2
1	7	6	4	2	5	8	3	9
9	4	3	1	8	6	2	5	7
5	8	1	2	3	7	9	4	6
2	6	7	5	4	9	3	1	8

136

3	7	8	1	4	9	2	5	6
4	5	9	6	2	3	1	8	7
1	6	2	5	8	7	9	3	4
9	2	7	8	3	5	4	6	1
6	4	3	2	7	1	8	9	5
8	1	5	9	6	4	7	2	3
7	3	6	4	9	2	5	1	8
2	8	1	7	5	6	3	4	9
5	9	4	3	1	8	6	7	2

137

6	2	5	7	3	1	4	8	9
8	4	7	9	2	6	1	3	5
3	1	9	5	4	8	7	6	2
4	7	3	6	9	5	2	1	8
1	6	2	8	7	4	9	5	3
5	9	8	2	1	3	6	4	7
2	3	4	1	8	7	5	9	6
9	8	6	4	5	2	3	7	1
7	5	1	3	6	9	8	2	4

138

4	6	8	9	7	3	2	5	1
2	5	3	8	1	6	7	4	9
7	9	1	4	5	2	6	8	3
6	7	9	5	8	4	1	3	2
1	8	4	2	3	9	5	7	6
5	3	2	7	6	1	8	9	4
3	2	5	1	4	7	9	6	8
9	4	7	6	2	8	3	1	5
8	1	6	3	9	5	4	2	7

139

9	1	7	5	4	6	2	3	8
2	5	3	8	9	1	4	7	6
6	8	4	7	3	2	5	9	1
7	4	8	3	6	5	9	1	2
3	2	5	1	8	9	6	4	7
1	6	9	2	7	4	8	5	3
4	3	2	6	5	7	1	8	9
5	7	1	9	2	8	3	6	4
8	9	6	4	1	3	7	2	5

140

1	9	2	6	8	7	5	3	4
8	7	5	4	2	3	1	6	9
6	4	3	1	9	5	7	8	2
5	1	7	3	6	4	9	2	8
2	6	8	5	7	9	4	1	3
4	3	9	2	1	8	6	5	7
3	8	4	7	5	6	2	9	1
7	2	6	9	3	1	8	4	5
9	5	1	8	4	2	3	7	6

141

5	9	7	8	6	4	1	2	3
4	6	3	9	2	1	7	8	5
2	8	1	7	5	3	4	6	9
6	4	9	1	7	5	8	3	2
1	2	8	4	3	9	6	5	7
3	7	5	6	8	2	9	4	1
7	5	4	3	9	6	2	1	8
8	1	2	5	4	7	3	9	6
9	3	6	2	1	8	5	7	4

142

6	4	7	5	3	2	9	1	8
2	1	3	9	6	8	5	7	4
8	5	9	1	7	4	2	6	3
3	8	6	2	5	7	4	9	1
1	9	4	6	8	3	7	5	2
7	2	5	4	1	9	8	3	6
4	6	2	3	9	5	1	8	7
5	7	1	8	2	6	3	4	9
9	3	8	7	4	1	6	2	5

143

1	2	9	5	4	3	7	8	6
5	3	6	2	7	8	1	9	4
7	8	4	9	6	1	2	5	3
3	1	5	4	9	2	8	6	7
6	4	8	1	3	7	5	2	9
9	7	2	8	5	6	4	3	1
4	9	7	3	2	5	6	1	8
2	6	1	7	8	9	3	4	5
8	5	3	6	1	4	9	7	2

144

2	6	5	1	9	4	8	3	7
1	4	3	7	8	2	6	5	9
9	8	7	6	3	5	2	4	1
7	3	2	8	1	9	5	6	4
5	1	6	4	2	3	9	7	8
4	9	8	5	6	7	3	1	2
6	7	1	2	5	8	4	9	3
3	2	4	9	7	6	1	8	5
8	5	9	3	4	1	7	2	6

145

8	3	2	7	9	5	6	4	1
7	5	4	8	6	1	3	9	2
6	1	9	3	4	2	5	8	7
9	2	1	5	3	7	4	6	8
3	7	8	4	1	6	2	5	9
4	6	5	2	8	9	1	7	3
2	4	6	9	7	3	8	1	5
5	8	7	1	2	4	9	3	6
1	9	3	6	5	8	7	2	4

146

8	9	1	2	5	7	6	3	4
6	7	4	8	9	3	1	5	2
2	3	5	1	6	4	9	8	7
9	5	6	4	1	8	7	2	3
4	1	2	7	3	6	8	9	5
3	8	7	9	2	5	4	1	6
5	4	9	6	8	2	3	7	1
7	2	8	3	4	1	5	6	9
1	6	3	5	7	9	2	4	8

147

9	7	5	6	8	1	3	4	2
6	4	1	2	7	3	5	9	8
3	2	8	4	5	9	7	6	1
1	3	7	9	2	4	6	8	5
8	9	2	5	1	6	4	3	7
5	6	4	7	3	8	2	1	9
7	1	9	3	4	2	8	5	6
4	5	6	8	9	7	1	2	3
2	8	3	1	6	5	9	7	4

148

6	2	7	8	3	5	1	9	4
8	9	5	6	1	4	3	7	2
4	3	1	9	2	7	6	8	5
2	1	4	7	8	9	5	6	3
7	6	8	1	5	3	4	2	9
9	5	3	4	6	2	8	1	7
3	7	6	2	4	1	9	5	8
5	8	9	3	7	6	2	4	1
1	4	2	5	9	8	7	3	6

149

3	8	5	4	2	1	7	6	9
2	7	9	6	8	5	3	1	4
1	6	4	7	3	9	5	2	8
8	5	2	3	4	7	1	9	6
4	9	7	1	5	6	8	3	2
6	1	3	2	9	8	4	7	5
9	4	6	5	7	3	2	8	1
5	3	1	8	6	2	9	4	7
7	2	8	9	1	4	6	5	3

150

5	4	6	2	9	3	7	1	8
2	7	1	4	8	6	9	3	5
8	9	3	5	1	7	2	6	4
7	6	8	9	5	1	3	4	2
1	2	5	3	4	8	6	9	7
9	3	4	6	7	2	8	5	1
6	8	9	1	2	5	4	7	3
4	1	7	8	3	9	5	2	6
3	5	2	7	6	4	1	8	9

151

4	7	6	3	9	8	2	5	1
9	3	1	5	6	2	8	7	4
2	8	5	4	1	7	9	3	6
6	5	8	1	2	4	3	9	7
7	4	9	6	5	3	1	8	2
1	2	3	7	8	9	4	6	5
8	6	7	9	4	1	5	2	3
5	9	4	2	3	6	7	1	8
3	1	2	8	7	5	6	4	9

152

9	3	2	7	5	8	4	1	6
5	4	7	6	3	1	9	2	8
8	1	6	9	2	4	7	3	5
3	8	1	5	9	6	2	4	7
6	7	5	2	4	3	1	8	9
4	2	9	8	1	7	6	5	3
1	9	4	3	7	5	8	6	2
2	5	8	4	6	9	3	7	1
7	6	3	1	8	2	5	9	4

153

9	4	7	2	6	8	1	5	3
1	2	3	4	5	7	8	9	6
8	6	5	9	1	3	4	7	2
6	5	1	3	4	9	7	2	8
7	8	4	1	2	6	9	3	5
3	9	2	7	8	5	6	1	4
5	1	8	6	7	2	3	4	9
4	3	6	5	9	1	2	8	7
2	7	9	8	3	4	5	6	1

154

5	3	9	2	8	7	1	6	4
2	4	6	3	5	1	9	8	7
7	1	8	9	4	6	2	5	3
1	8	4	6	3	5	7	9	2
3	6	7	8	9	2	4	1	5
9	2	5	7	1	4	8	3	6
6	5	2	1	7	9	3	4	8
4	9	3	5	2	8	6	7	1
8	7	1	4	6	3	5	2	9

155

2	5	4	7	6	3	9	8	1
1	7	8	2	9	4	3	6	5
9	3	6	8	1	5	2	4	7
5	6	2	4	7	9	8	1	3
7	9	3	1	5	8	4	2	6
4	8	1	6	3	2	5	7	9
3	4	7	5	2	1	6	9	8
8	1	9	3	4	6	7	5	2
6	2	5	9	8	7	1	3	4

156

6	3	1	7	2	5	8	9	4
8	9	5	4	3	6	2	1	7
4	7	2	1	9	8	5	6	3
1	8	3	2	6	7	4	5	9
2	4	9	3	5	1	7	8	6
5	6	7	8	4	9	1	3	2
3	1	8	9	7	4	6	2	5
9	5	4	6	1	2	3	7	8
7	2	6	5	8	3	9	4	1

157

1	4	5	7	6	2	9	3	8
6	3	2	5	8	9	4	7	1
9	8	7	3	1	4	5	2	6
8	2	3	9	5	1	6	4	7
7	1	4	8	2	6	3	5	9
5	9	6	4	3	7	1	8	2
4	5	9	1	7	8	2	6	3
2	7	1	6	4	3	8	9	5
3	6	8	2	9	5	7	1	4

158

9	8	1	5	6	3	4	2	7
4	3	2	1	9	7	8	6	5
7	5	6	4	2	8	3	9	1
5	2	8	3	1	4	6	7	9
3	9	4	6	7	5	1	8	2
6	1	7	2	8	9	5	4	3
8	6	9	7	3	1	2	5	4
2	4	3	9	5	6	7	1	8
1	7	5	8	4	2	9	3	6

159

9	2	6	7	8	5	3	1	4
8	4	5	3	1	6	9	2	7
1	3	7	2	9	4	8	5	6
4	5	9	1	3	2	7	6	8
3	1	2	6	7	8	4	9	5
7	6	8	5	4	9	1	3	2
5	9	3	8	6	7	2	4	1
6	8	1	4	2	3	5	7	9
2	7	4	9	5	1	6	8	3

160

6	7	1	9	4	2	5	3	8
5	2	9	3	6	8	7	4	1
3	8	4	1	5	7	9	2	6
7	1	8	2	3	6	4	5	9
4	5	3	8	9	1	2	6	7
9	6	2	5	7	4	8	1	3
8	9	6	4	2	3	1	7	5
2	3	5	7	1	9	6	8	4
1	4	7	6	8	5	3	9	2

161

6	1	2	8	5	3	4	7	9
3	5	4	1	7	9	6	2	8
7	8	9	2	6	4	1	5	3
1	4	6	3	9	7	5	8	2
2	9	8	6	1	5	7	3	4
5	7	3	4	8	2	9	6	1
4	2	7	9	3	6	8	1	5
8	3	5	7	4	1	2	9	6
9	6	1	5	2	8	3	4	7

162

9	2	1	3	6	4	7	8	5
3	4	6	7	8	5	9	1	2
5	7	8	2	9	1	3	4	6
6	5	9	4	7	2	8	3	1
8	3	2	9	1	6	5	7	4
4	1	7	5	3	8	6	2	9
7	8	4	6	2	9	1	5	3
2	6	3	1	5	7	4	9	8
1	9	5	8	4	3	2	6	7

163

3	2	9	7	6	8	1	5	4
5	7	6	4	1	2	8	3	9
1	4	8	3	9	5	6	7	2
2	6	5	9	3	7	4	1	8
4	9	3	1	8	6	7	2	5
7	8	1	5	2	4	9	6	3
6	3	7	2	4	9	5	8	1
8	1	4	6	5	3	2	9	7
9	5	2	8	7	1	3	4	6

164

9	5	4	1	2	7	8	3	6
6	1	3	9	4	8	5	2	7
8	7	2	3	5	6	9	4	1
1	3	6	2	8	5	7	9	4
2	8	7	4	6	9	1	5	3
4	9	5	7	3	1	6	8	2
5	4	8	6	7	2	3	1	9
7	2	9	5	1	3	4	6	8
3	6	1	8	9	4	2	7	5

165

1	5	7	3	4	2	9	6	8
9	2	4	8	1	6	5	7	3
6	8	3	9	5	7	2	4	1
4	1	2	7	6	9	3	8	5
7	6	9	5	3	8	4	1	2
8	3	5	4	2	1	6	9	7
5	4	1	6	8	3	7	2	9
3	9	8	2	7	4	1	5	6
2	7	6	1	9	5	8	3	4

166

5	4	9	1	6	2	7	3	8
2	3	6	7	8	5	9	4	1
1	7	8	9	3	4	6	5	2
8	5	2	4	7	1	3	9	6
6	1	7	8	9	3	5	2	4
3	9	4	2	5	6	1	8	7
4	6	1	3	2	9	8	7	5
9	8	5	6	4	7	2	1	3
7	2	3	5	1	8	4	6	9

167

2	6	4	3	5	8	9	7	1
9	7	3	1	2	4	8	5	6
8	5	1	7	6	9	2	4	3
5	8	6	9	4	3	1	2	7
1	2	9	5	7	6	4	3	8
4	3	7	2	8	1	6	9	5
6	1	2	4	3	7	5	8	9
7	4	8	6	9	5	3	1	2
3	9	5	8	1	2	7	6	4

168

5	7	4	2	9	1	8	3	6
3	9	8	7	6	4	2	1	5
6	2	1	8	5	3	7	9	4
9	8	3	6	2	7	5	4	1
2	1	5	4	3	8	9	6	7
4	6	7	5	1	9	3	2	8
7	5	6	3	4	2	1	8	9
1	4	2	9	8	5	6	7	3
8	3	9	1	7	6	4	5	2

169

3	4	6	5	7	8	1	9	2
8	5	9	1	2	4	7	3	6
2	1	7	9	6	3	4	8	5
5	8	2	4	9	1	3	6	7
7	3	4	2	8	6	5	1	9
6	9	1	7	3	5	2	4	8
9	2	3	6	4	7	8	5	1
4	7	5	8	1	9	6	2	3
1	6	8	3	5	2	9	7	4

170

2	1	3	7	4	9	6	8	5
7	4	6	5	8	2	3	9	1
8	9	5	3	1	6	7	4	2
5	6	9	1	7	8	2	3	4
1	8	2	6	3	4	9	5	7
4	3	7	2	9	5	8	1	6
3	7	8	4	2	1	5	6	9
6	2	1	9	5	3	4	7	8
9	5	4	8	6	7	1	2	3

171

9	3	5	8	6	4	7	1	2
4	7	6	5	1	2	3	9	8
1	8	2	3	9	7	5	4	6
6	9	8	2	4	3	1	5	7
7	4	1	6	5	9	2	8	3
5	2	3	7	8	1	4	6	9
8	1	7	4	2	6	9	3	5
3	5	4	9	7	8	6	2	1
2	6	9	1	3	5	8	7	4

172

5	7	4	8	2	1	3	6	9
8	3	1	7	9	6	5	4	2
9	6	2	4	3	5	1	8	7
1	8	6	9	4	2	7	3	5
7	9	3	5	1	8	6	2	4
4	2	5	3	6	7	8	9	1
2	1	9	6	5	3	4	7	8
6	4	8	1	7	9	2	5	3
3	5	7	2	8	4	9	1	6

173

9	2	3	6	1	5	8	4	7
4	8	1	7	9	2	5	3	6
7	5	6	3	8	4	2	1	9
1	9	5	8	4	3	6	7	2
2	6	8	5	7	1	4	9	3
3	7	4	2	6	9	1	8	5
6	3	9	1	2	8	7	5	4
5	1	2	4	3	7	9	6	8
8	4	7	9	5	6	3	2	1

174

1	6	8	9	2	3	5	4	7
7	4	3	6	5	8	9	1	2
2	5	9	4	1	7	8	3	6
6	9	4	7	8	5	3	2	1
3	7	2	1	9	6	4	8	5
5	8	1	3	4	2	7	6	9
9	3	7	8	6	1	2	5	4
4	2	6	5	3	9	1	7	8
8	1	5	2	7	4	6	9	3

175

3	1	7	2	8	6	9	5	4
5	9	2	1	3	4	7	6	8
8	4	6	9	5	7	2	1	3
7	2	8	3	4	5	1	9	6
4	6	1	7	9	2	8	3	5
9	5	3	8	6	1	4	7	2
1	3	5	4	2	9	6	8	7
2	8	9	6	7	3	5	4	1
6	7	4	5	1	8	3	2	9

176

8	6	9	3	1	5	4	2	7
5	7	3	6	4	2	1	8	9
2	4	1	8	9	7	5	3	6
9	8	5	2	7	4	6	1	3
3	2	4	1	8	6	9	7	5
6	1	7	9	5	3	8	4	2
1	3	2	5	6	8	7	9	4
4	9	6	7	2	1	3	5	8
7	5	8	4	3	9	2	6	1

177

7	6	5	9	8	2	1	3	4
1	8	2	3	4	5	6	9	7
4	3	9	1	7	6	8	2	5
6	7	8	4	5	3	9	1	2
2	5	3	7	9	1	4	8	6
9	4	1	6	2	8	7	5	3
3	9	7	2	1	4	5	6	8
5	1	6	8	3	7	2	4	9
8	2	4	5	6	9	3	7	1

178

3	6	7	4	5	8	2	9	1
9	5	4	7	1	2	6	8	3
1	2	8	3	6	9	7	5	4
5	3	9	2	4	7	8	1	6
8	4	1	5	3	6	9	7	2
6	7	2	8	9	1	4	3	5
4	8	3	9	2	5	1	6	7
7	1	5	6	8	4	3	2	9
2	9	6	1	7	3	5	4	8

179

6	3	2	1	4	9	5	8	7
5	7	4	3	6	8	1	9	2
9	8	1	2	5	7	3	6	4
7	2	5	8	9	3	4	1	6
1	9	3	4	2	6	7	5	8
4	6	8	7	1	5	9	2	3
3	4	6	5	8	1	2	7	9
8	1	7	9	3	2	6	4	5
2	5	9	6	7	4	8	3	1

180

4	9	3	1	2	5	8	6	7
8	1	7	3	4	6	9	5	2
6	5	2	8	9	7	1	4	3
7	6	8	4	5	3	2	9	1
2	3	5	7	1	9	4	8	6
9	4	1	6	8	2	7	3	5
3	2	9	5	7	8	6	1	4
5	7	4	9	6	1	3	2	8
1	8	6	2	3	4	5	7	9

181

5	1	9	4	8	2	7	3	6
3	2	7	9	5	6	1	8	4
8	4	6	7	3	1	2	9	5
2	3	5	6	7	8	4	1	9
6	7	1	5	9	4	8	2	3
9	8	4	1	2	3	5	6	7
7	9	8	3	1	5	6	4	2
4	5	2	8	6	9	3	7	1
1	6	3	2	4	7	9	5	8

182

5	6	3	4	2	8	1	7	9
8	1	7	9	5	6	3	2	4
4	9	2	3	7	1	5	8	6
3	7	5	8	6	2	9	4	1
2	4	1	5	3	9	7	6	8
9	8	6	7	1	4	2	5	3
1	3	8	2	4	5	6	9	7
6	2	9	1	8	7	4	3	5
7	5	4	6	9	3	8	1	2

183

3	6	5	1	9	7	8	4	2
2	8	9	4	3	5	6	7	1
7	1	4	6	8	2	5	9	3
8	3	6	5	7	4	1	2	9
4	7	2	8	1	9	3	5	6
5	9	1	2	6	3	7	8	4
9	5	8	3	4	6	2	1	7
1	4	3	7	2	8	9	6	5
6	2	7	9	5	1	4	3	8

184

9	8	6	2	3	4	1	7	5
7	3	1	5	9	6	2	4	8
2	4	5	8	7	1	3	9	6
1	9	7	4	2	8	5	6	3
4	2	3	9	6	5	8	1	7
6	5	8	7	1	3	4	2	9
3	1	2	6	8	7	9	5	4
8	6	4	1	5	9	7	3	2
5	7	9	3	4	2	6	8	1

185

1	7	6	9	5	3	2	8	4
3	4	9	2	8	6	1	7	5
5	8	2	1	4	7	3	9	6
8	5	7	3	6	2	9	4	1
4	6	3	8	9	1	5	2	7
2	9	1	4	7	5	6	3	8
7	1	4	6	3	9	8	5	2
6	3	8	5	2	4	7	1	9
9	2	5	7	1	8	4	6	3

186

9	2	5	8	6	3	1	7	4
4	8	7	9	1	5	6	2	3
3	6	1	2	7	4	5	8	9
2	9	3	6	8	7	4	5	1
6	7	4	5	2	1	9	3	8
1	5	8	4	3	9	7	6	2
8	4	9	7	5	2	3	1	6
5	3	2	1	4	6	8	9	7
7	1	6	3	9	8	2	4	5

187

2	9	5	3	4	6	8	7	1
6	1	3	5	7	8	2	9	4
7	8	4	1	2	9	5	3	6
4	7	6	8	5	3	9	1	2
8	2	1	9	6	7	4	5	3
5	3	9	2	1	4	7	6	8
9	5	8	4	3	1	6	2	7
3	6	2	7	8	5	1	4	9
1	4	7	6	9	2	3	8	5

188

2	5	9	3	1	4	8	6	7
4	7	8	2	6	5	1	9	3
1	6	3	9	7	8	2	5	4
6	3	7	5	4	1	9	8	2
8	9	1	7	3	2	5	4	6
5	2	4	6	8	9	3	7	1
9	4	5	1	2	6	7	3	8
7	1	6	8	9	3	4	2	5
3	8	2	4	5	7	6	1	9

189

9	1	7	4	5	6	3	2	8
2	6	4	8	3	7	1	9	5
5	3	8	9	2	1	7	6	4
7	9	1	5	4	2	8	3	6
8	2	5	6	7	3	4	1	9
6	4	3	1	9	8	5	7	2
4	5	2	3	1	9	6	8	7
1	7	6	2	8	4	9	5	3
3	8	9	7	6	5	2	4	1

190

9	4	6	2	8	1	3	5	7
8	1	2	7	3	5	9	4	6
3	7	5	9	4	6	2	8	1
5	9	3	4	6	7	1	2	8
4	2	7	1	5	8	6	3	9
6	8	1	3	2	9	4	7	5
1	6	4	5	7	3	8	9	2
7	3	8	6	9	2	5	1	4
2	5	9	8	1	4	7	6	3

191

2	4	5	9	7	8	6	3	1
8	9	1	3	5	6	2	7	4
7	3	6	1	2	4	8	9	5
4	1	2	6	3	9	5	8	7
5	8	7	2	4	1	3	6	9
3	6	9	7	8	5	4	1	2
9	5	3	4	6	7	1	2	8
1	2	8	5	9	3	7	4	6
6	7	4	8	1	2	9	5	3

192

3	7	4	5	6	2	9	1	8
9	2	1	8	4	7	5	3	6
6	5	8	3	1	9	4	7	2
2	8	3	9	7	5	1	6	4
7	4	5	1	2	6	8	9	3
1	9	6	4	8	3	7	2	5
8	3	7	2	5	1	6	4	9
4	6	9	7	3	8	2	5	1
5	1	2	6	9	4	3	8	7

193

6	5	8	1	9	4	2	7	3
2	9	3	7	5	6	1	8	4
4	1	7	2	3	8	6	9	5
7	4	1	5	8	2	9	3	6
3	8	5	4	6	9	7	2	1
9	6	2	3	1	7	4	5	8
8	7	4	6	2	3	5	1	9
5	2	9	8	4	1	3	6	7
1	3	6	9	7	5	8	4	2

194

8	7	5	4	1	3	6	9	2
4	2	6	7	9	8	3	5	1
1	9	3	5	2	6	7	4	8
3	1	2	6	8	4	9	7	5
7	8	4	2	5	9	1	6	3
5	6	9	3	7	1	8	2	4
2	5	1	8	6	7	4	3	9
6	4	8	9	3	5	2	1	7
9	3	7	1	4	2	5	8	6

195

3	9	4	8	1	6	7	2	5
6	5	2	3	4	7	9	1	8
1	8	7	2	5	9	6	4	3
8	7	1	4	2	3	5	9	6
5	2	6	7	9	8	1	3	4
4	3	9	5	6	1	2	8	7
2	6	8	1	7	4	3	5	9
7	1	3	9	8	5	4	6	2
9	4	5	6	3	2	8	7	1

196

2	6	5	4	1	8	3	9	7
4	7	3	5	9	2	8	1	6
1	8	9	6	3	7	5	4	2
3	9	7	1	5	4	6	2	8
8	1	2	3	7	6	4	5	9
6	5	4	2	8	9	7	3	1
9	2	6	7	4	3	1	8	5
7	4	1	8	2	5	9	6	3
5	3	8	9	6	1	2	7	4

197

8	7	5	1	6	4	2	3	9
4	3	9	5	8	2	7	6	1
1	2	6	3	7	9	5	8	4
2	8	7	9	1	6	4	5	3
5	1	4	7	3	8	9	2	6
9	6	3	4	2	5	1	7	8
3	4	1	6	5	7	8	9	2
6	5	2	8	9	1	3	4	7
7	9	8	2	4	3	6	1	5

198

1	9	2	7	5	8	3	4	6
7	3	8	4	6	9	1	5	2
5	6	4	1	2	3	9	8	7
2	4	9	5	1	7	8	6	3
8	1	3	6	9	2	5	7	4
6	7	5	8	3	4	2	1	9
3	8	7	9	4	5	6	2	1
4	2	1	3	8	6	7	9	5
9	5	6	2	7	1	4	3	8

199

5	3	4	8	1	9	2	7	6
9	6	8	7	3	2	4	5	1
7	2	1	4	5	6	8	9	3
6	8	2	5	9	7	1	3	4
1	9	3	2	6	4	7	8	5
4	5	7	3	8	1	9	6	2
8	7	5	1	2	3	6	4	9
3	1	9	6	4	8	5	2	7
2	4	6	9	7	5	3	1	8

200

3	2	5	6	8	4	1	9	7
1	8	4	5	7	9	6	3	2
9	7	6	3	2	1	4	8	5
4	6	7	8	1	5	9	2	3
8	1	3	9	4	2	7	5	6
5	9	2	7	3	6	8	4	1
2	5	1	4	9	7	3	6	8
6	4	8	1	5	3	2	7	9
7	3	9	2	6	8	5	1	4

201

3	5	8	2	9	6	4	1	7
1	9	2	8	7	4	5	3	6
7	4	6	1	3	5	9	2	8
2	7	3	6	5	8	1	9	4
9	6	1	7	4	3	2	8	5
5	8	4	9	1	2	7	6	3
4	2	9	3	8	7	6	5	1
8	1	7	5	6	9	3	4	2
6	3	5	4	2	1	8	7	9

202

3	9	2	1	4	5	7	8	6
4	7	6	3	8	2	9	1	5
5	8	1	9	6	7	4	3	2
2	3	9	6	7	8	1	5	4
7	6	5	4	3	1	8	2	9
1	4	8	2	5	9	6	7	3
8	2	7	5	9	4	3	6	1
6	1	4	8	2	3	5	9	7
9	5	3	7	1	6	2	4	8

203

6	2	5	9	4	3	1	8	7
3	7	1	8	5	6	9	2	4
8	9	4	7	2	1	6	5	3
1	3	2	4	7	9	5	6	8
4	5	7	6	1	8	3	9	2
9	8	6	5	3	2	4	7	1
2	4	9	3	6	7	8	1	5
5	1	8	2	9	4	7	3	6
7	6	3	1	8	5	2	4	9

204

1	3	7	9	5	8	6	4	2
6	5	4	1	7	2	9	3	8
2	8	9	6	4	3	1	7	5
9	7	5	2	3	4	8	6	1
3	2	8	7	1	6	4	5	9
4	6	1	5	8	9	3	2	7
7	1	3	4	9	5	2	8	6
8	9	2	3	6	7	5	1	4
5	4	6	8	2	1	7	9	3

205

3	2	1	4	6	5	8	9	7
7	8	4	2	1	9	5	3	6
5	9	6	8	7	3	1	2	4
4	7	8	5	9	1	2	6	3
9	3	5	7	2	6	4	1	8
6	1	2	3	4	8	7	5	9
2	5	9	6	8	4	3	7	1
1	4	3	9	5	7	6	8	2
8	6	7	1	3	2	9	4	5

206

6	4	9	2	7	5	8	3	1
7	3	1	9	8	4	2	5	6
5	8	2	3	6	1	7	9	4
9	7	5	6	1	2	4	8	3
3	6	4	5	9	8	1	7	2
2	1	8	4	3	7	5	6	9
8	9	7	1	4	6	3	2	5
4	5	3	8	2	9	6	1	7
1	2	6	7	5	3	9	4	8

207

1	2	3	8	4	7	5	9	6
7	8	5	3	6	9	2	4	1
6	4	9	2	5	1	3	8	7
3	7	2	9	1	4	6	5	8
8	1	6	5	3	2	4	7	9
9	5	4	6	7	8	1	2	3
2	6	1	7	8	5	9	3	4
5	3	8	4	9	6	7	1	2
4	9	7	1	2	3	8	6	5

208

4	7	3	8	9	5	2	1	6
1	6	5	4	2	3	7	9	8
9	8	2	6	1	7	4	3	5
2	3	7	1	4	8	5	6	9
8	4	1	9	5	6	3	2	7
5	9	6	7	3	2	8	4	1
3	2	9	5	8	1	6	7	4
7	5	4	2	6	9	1	8	3
6	1	8	3	7	4	9	5	2

209

1	6	7	4	8	5	3	9	2
3	9	5	1	7	2	8	4	6
2	8	4	6	9	3	1	5	7
7	3	2	8	5	6	4	1	9
6	1	9	3	2	4	5	7	8
5	4	8	7	1	9	2	6	3
9	7	1	2	4	8	6	3	5
8	5	6	9	3	1	7	2	4
4	2	3	5	6	7	9	8	1

210

9	7	3	2	6	4	5	8	1
1	5	2	8	9	3	6	4	7
4	8	6	7	5	1	2	3	9
6	3	1	4	7	5	8	9	2
8	4	5	1	2	9	3	7	6
7	2	9	3	8	6	4	1	5
3	6	4	9	1	2	7	5	8
5	9	7	6	4	8	1	2	3
2	1	8	5	3	7	9	6	4

211

7	2	5	8	6	3	4	9	1
6	4	1	5	9	7	2	8	3
3	8	9	4	2	1	7	6	5
1	9	3	6	5	2	8	7	4
8	6	2	3	7	4	1	5	9
4	5	7	1	8	9	3	2	6
9	1	8	2	3	5	6	4	7
2	7	4	9	1	6	5	3	8
5	3	6	7	4	8	9	1	2

212

5	9	8	7	6	2	1	3	4
2	1	7	5	4	3	6	9	8
3	6	4	9	8	1	5	7	2
4	3	5	2	7	9	8	1	6
7	8	9	4	1	6	3	2	5
1	2	6	8	3	5	7	4	9
9	4	3	1	5	8	2	6	7
8	7	1	6	2	4	9	5	3
6	5	2	3	9	7	4	8	1

213

1	2	8	7	4	9	3	5	6
7	5	4	1	3	6	9	2	8
6	9	3	5	8	2	7	1	4
4	8	7	2	6	5	1	9	3
5	1	2	4	9	3	6	8	7
9	3	6	8	7	1	5	4	2
3	4	5	6	1	8	2	7	9
8	6	1	9	2	7	4	3	5
2	7	9	3	5	4	8	6	1

214

9	1	4	3	8	7	6	2	5
5	2	3	6	9	1	7	8	4
7	8	6	5	4	2	1	3	9
3	7	5	9	1	8	2	4	6
1	4	8	7	2	6	9	5	3
6	9	2	4	5	3	8	7	1
8	3	7	1	6	5	4	9	2
4	5	1	2	7	9	3	6	8
2	6	9	8	3	4	5	1	7

215

3	5	7	6	8	4	2	1	9
4	2	6	9	7	1	5	8	3
8	1	9	3	5	2	4	7	6
5	8	2	4	1	9	6	3	7
1	7	3	2	6	8	9	4	5
6	9	4	7	3	5	1	2	8
9	4	5	8	2	7	3	6	1
2	3	8	1	9	6	7	5	4
7	6	1	5	4	3	8	9	2

216

9	1	5	2	7	3	6	8	4
6	8	7	4	1	9	3	5	2
3	2	4	6	5	8	7	1	9
5	6	2	1	3	4	9	7	8
4	3	1	9	8	7	2	6	5
8	7	9	5	2	6	4	3	1
7	5	3	8	4	2	1	9	6
1	4	6	3	9	5	8	2	7
2	9	8	7	6	1	5	4	3

217

7	9	4	8	6	2	1	3	5
2	3	6	1	9	5	7	8	4
5	8	1	4	7	3	6	9	2
4	7	5	2	3	1	8	6	9
9	1	2	7	8	6	4	5	3
3	6	8	5	4	9	2	7	1
8	4	9	3	2	7	5	1	6
6	5	7	9	1	4	3	2	8
1	2	3	6	5	8	9	4	7

218

7	5	2	8	9	3	6	4	1
3	9	6	4	1	5	2	7	8
4	1	8	7	2	6	9	3	5
9	2	4	6	8	1	7	5	3
1	6	5	3	7	2	8	9	4
8	3	7	5	4	9	1	2	6
2	4	9	1	3	8	5	6	7
5	8	3	9	6	7	4	1	2
6	7	1	2	5	4	3	8	9

219

1	3	6	8	9	2	4	5	7
8	7	5	4	1	6	2	3	9
2	4	9	3	5	7	1	8	6
3	5	8	9	6	4	7	1	2
7	9	4	1	2	8	3	6	5
6	1	2	7	3	5	9	4	8
5	2	7	6	4	1	8	9	3
9	6	1	2	8	3	5	7	4
4	8	3	5	7	9	6	2	1

220

7	4	6	8	5	3	9	2	1
3	2	5	6	9	1	8	7	4
9	8	1	4	2	7	6	3	5
6	5	9	2	4	8	3	1	7
8	7	4	1	3	6	5	9	2
1	3	2	9	7	5	4	6	8
2	6	8	5	1	9	7	4	3
4	9	7	3	8	2	1	5	6
5	1	3	7	6	4	2	8	9

221

1	7	5	3	6	4	9	8	2
9	6	2	7	8	5	1	4	3
3	8	4	1	2	9	6	7	5
6	2	7	9	4	3	8	5	1
4	5	3	2	1	8	7	6	9
8	1	9	5	7	6	3	2	4
2	3	6	8	5	1	4	9	7
7	4	1	6	9	2	5	3	8
5	9	8	4	3	7	2	1	6

222

9	1	2	7	5	3	4	8	6
5	8	4	1	6	2	7	3	9
7	3	6	4	8	9	2	1	5
3	6	5	9	4	7	8	2	1
2	4	9	8	1	5	6	7	3
8	7	1	3	2	6	5	9	4
6	2	7	5	9	1	3	4	8
1	5	8	2	3	4	9	6	7
4	9	3	6	7	8	1	5	2

223

5	6	4	9	1	7	8	3	2
8	9	2	5	3	6	1	7	4
7	3	1	8	4	2	5	9	6
2	7	5	3	8	4	9	6	1
9	1	3	7	6	5	4	2	8
6	4	8	1	2	9	7	5	3
1	8	9	2	5	3	6	4	7
3	5	6	4	7	8	2	1	9
4	2	7	6	9	1	3	8	5

224

3	2	8	1	9	6	7	4	5
1	7	4	5	8	2	3	9	6
6	5	9	7	3	4	2	1	8
8	9	2	6	4	1	5	3	7
7	4	1	2	5	3	6	8	9
5	6	3	8	7	9	4	2	1
4	1	5	3	6	8	9	7	2
9	8	7	4	2	5	1	6	3
2	3	6	9	1	7	8	5	4

225

9	8	5	6	3	2	7	4	1
6	3	4	1	7	9	5	8	2
7	1	2	4	5	8	9	3	6
8	5	6	9	2	1	4	7	3
2	4	7	3	8	6	1	5	9
1	9	3	7	4	5	2	6	8
5	2	1	8	6	7	3	9	4
3	6	9	5	1	4	8	2	7
4	7	8	2	9	3	6	1	5

226

7	8	6	2	4	9	3	5	1
9	3	4	1	5	6	8	7	2
2	1	5	8	7	3	4	9	6
1	6	7	9	3	2	5	4	8
5	4	3	6	8	7	2	1	9
8	9	2	4	1	5	6	3	7
3	7	1	5	2	8	9	6	4
4	2	9	3	6	1	7	8	5
6	5	8	7	9	4	1	2	3

227

3	5	7	8	6	9	1	2	4
1	6	2	7	5	4	9	3	8
9	8	4	3	1	2	7	5	6
5	4	9	2	8	7	6	1	3
6	2	1	9	3	5	4	8	7
8	7	3	6	4	1	2	9	5
7	1	5	4	9	8	3	6	2
4	9	6	5	2	3	8	7	1
2	3	8	1	7	6	5	4	9

228

9	3	5	7	1	2	4	8	6
2	4	6	8	3	9	5	7	1
7	8	1	4	5	6	2	3	9
8	9	3	6	7	5	1	2	4
6	2	4	9	8	1	7	5	3
1	5	7	2	4	3	6	9	8
4	7	2	1	9	8	3	6	5
5	6	8	3	2	4	9	1	7
3	1	9	5	6	7	8	4	2

229

2	4	5	6	7	3	8	1	9
1	8	6	2	4	9	3	5	7
7	9	3	1	8	5	4	2	6
3	1	4	9	6	2	7	8	5
8	6	7	5	1	4	2	9	3
9	5	2	7	3	8	6	4	1
4	7	1	8	9	6	5	3	2
6	2	8	3	5	1	9	7	4
5	3	9	4	2	7	1	6	8

230

6	4	1	9	7	2	8	3	5
7	5	3	1	8	6	2	9	4
2	8	9	5	4	3	7	6	1
1	2	6	3	9	8	4	5	7
9	7	5	6	1	4	3	8	2
8	3	4	2	5	7	9	1	6
5	1	2	7	3	9	6	4	8
4	9	7	8	6	1	5	2	3
3	6	8	4	2	5	1	7	9

231

8	9	2	6	3	4	7	1	5
4	6	7	5	1	9	3	8	2
3	1	5	7	2	8	9	4	6
6	5	3	4	9	1	2	7	8
2	7	9	3	8	5	4	6	1
1	4	8	2	7	6	5	3	9
7	3	1	8	5	2	6	9	4
9	2	4	1	6	7	8	5	3
5	8	6	9	4	3	1	2	7

232

3	2	9	5	6	8	4	1	7
1	4	6	2	7	3	5	9	8
8	7	5	4	9	1	2	6	3
9	1	2	3	8	4	7	5	6
4	6	7	9	1	5	3	8	2
5	3	8	7	2	6	1	4	9
2	5	4	8	3	9	6	7	1
6	9	3	1	5	7	8	2	4
7	8	1	6	4	2	9	3	5

233

3	6	9	4	5	7	2	1	8
7	5	2	8	1	3	4	6	9
1	8	4	6	9	2	7	3	5
5	2	6	1	3	4	9	8	7
8	9	3	7	6	5	1	4	2
4	1	7	2	8	9	3	5	6
9	3	8	5	2	1	6	7	4
6	7	1	9	4	8	5	2	3
2	4	5	3	7	6	8	9	1

234

2	9	8	5	6	3	7	1	4
7	6	4	8	2	1	3	5	9
3	5	1	7	9	4	8	6	2
5	2	9	3	1	6	4	7	8
6	1	7	9	4	8	5	2	3
4	8	3	2	5	7	6	9	1
1	4	2	6	8	5	9	3	7
8	3	5	1	7	9	2	4	6
9	7	6	4	3	2	1	8	5

235

8	1	6	4	9	7	2	5	3
3	7	5	8	1	2	4	9	6
4	9	2	3	5	6	7	1	8
9	4	8	2	3	1	6	7	5
7	5	3	9	6	4	1	8	2
2	6	1	7	8	5	9	3	4
5	2	9	1	4	3	8	6	7
1	3	4	6	7	8	5	2	9
6	8	7	5	2	9	3	4	1

236

2	6	3	4	8	9	5	7	1
9	4	1	5	6	7	2	8	3
7	5	8	2	1	3	9	6	4
8	7	5	6	3	4	1	2	9
3	2	9	8	7	1	4	5	6
4	1	6	9	2	5	8	3	7
6	9	4	7	5	8	3	1	2
5	3	7	1	9	2	6	4	8
1	8	2	3	4	6	7	9	5

237

9	4	3	6	5	1	8	2	7
5	2	7	9	8	4	3	1	6
6	1	8	7	3	2	4	9	5
1	8	9	3	7	5	2	6	4
7	3	2	4	9	6	5	8	1
4	6	5	2	1	8	7	3	9
8	7	4	1	2	9	6	5	3
2	9	6	5	4	3	1	7	8
3	5	1	8	6	7	9	4	2

238

6	3	1	2	9	4	7	5	8
2	5	7	8	3	1	6	4	9
4	8	9	6	7	5	1	3	2
3	6	4	7	5	8	2	9	1
1	9	8	3	2	6	5	7	4
7	2	5	4	1	9	8	6	3
9	4	2	5	8	7	3	1	6
8	7	6	1	4	3	9	2	5
5	1	3	9	6	2	4	8	7

239

4	9	7	6	2	3	8	5	1
5	6	3	7	1	8	9	4	2
1	8	2	5	9	4	3	7	6
3	1	6	9	4	5	2	8	7
2	4	8	1	7	6	5	9	3
9	7	5	8	3	2	6	1	4
6	2	1	4	5	9	7	3	8
7	3	9	2	8	1	4	6	5
8	5	4	3	6	7	1	2	9

240

5	9	2	3	6	8	1	7	4
6	4	1	2	7	5	9	3	8
3	7	8	9	4	1	6	2	5
9	8	6	5	3	7	2	4	1
4	2	3	6	1	9	8	5	7
1	5	7	8	2	4	3	6	9
8	6	5	7	9	3	4	1	2
2	1	9	4	5	6	7	8	3
7	3	4	1	8	2	5	9	6

241

5	3	1	6	9	4	8	7	2
6	2	7	1	8	3	4	9	5
9	4	8	5	7	2	6	3	1
2	1	5	3	4	6	9	8	7
7	8	3	9	2	1	5	6	4
4	9	6	7	5	8	1	2	3
1	7	4	8	3	9	2	5	6
8	5	2	4	6	7	3	1	9
3	6	9	2	1	5	7	4	8

242

5	4	8	1	9	2	6	3	7
1	6	9	3	7	4	2	8	5
3	7	2	5	6	8	1	4	9
6	3	4	9	2	7	5	1	8
2	8	1	6	5	3	9	7	4
9	5	7	8	4	1	3	2	6
8	1	5	7	3	9	4	6	2
7	2	6	4	1	5	8	9	3
4	9	3	2	8	6	7	5	1

243

8	2	4	5	9	3	1	7	6
1	7	3	6	4	8	9	2	5
9	6	5	2	1	7	4	8	3
7	5	2	9	8	4	3	6	1
6	4	1	7	3	2	5	9	8
3	8	9	1	5	6	7	4	2
4	9	8	3	2	1	6	5	7
2	1	7	4	6	5	8	3	9
5	3	6	8	7	9	2	1	4

244

9	7	4	1	6	2	8	5	3
8	1	5	3	7	9	4	2	6
3	6	2	4	5	8	7	9	1
5	2	7	8	1	6	3	4	9
4	9	8	2	3	7	6	1	5
6	3	1	5	9	4	2	7	8
7	5	3	6	4	1	9	8	2
1	8	9	7	2	3	5	6	4
2	4	6	9	8	5	1	3	7

245

7	1	2	4	9	8	3	6	5
3	8	5	2	7	6	1	4	9
9	6	4	1	3	5	2	7	8
4	7	6	3	8	2	5	9	1
5	3	1	9	6	4	8	2	7
2	9	8	7	5	1	4	3	6
8	4	7	6	1	3	9	5	2
6	5	3	8	2	9	7	1	4
1	2	9	5	4	7	6	8	3

246

6	8	7	9	1	5	3	4	2
9	1	4	2	3	7	8	5	6
3	2	5	6	4	8	1	7	9
4	5	8	1	9	2	6	3	7
7	9	6	3	5	4	2	8	1
2	3	1	8	7	6	4	9	5
8	4	2	7	6	9	5	1	3
5	7	3	4	2	1	9	6	8
1	6	9	5	8	3	7	2	4

247

4	5	9	3	7	8	1	6	2
2	6	3	5	9	1	8	7	4
7	8	1	2	4	6	3	9	5
9	2	8	7	5	3	6	4	1
3	1	5	6	8	4	9	2	7
6	7	4	9	1	2	5	3	8
8	9	7	4	3	5	2	1	6
1	4	2	8	6	9	7	5	3
5	3	6	1	2	7	4	8	9

248

6	7	1	8	4	3	5	2	9
8	5	4	2	9	6	1	7	3
3	9	2	5	7	1	6	4	8
5	4	7	3	1	9	8	6	2
2	6	9	7	8	4	3	5	1
1	3	8	6	2	5	4	9	7
4	8	6	9	3	7	2	1	5
7	1	3	4	5	2	9	8	6
9	2	5	1	6	8	7	3	4

249

1	8	2	7	4	9	6	3	5
3	6	5	2	1	8	4	9	7
9	7	4	3	5	6	2	8	1
7	3	1	6	8	2	9	5	4
2	9	6	4	7	5	8	1	3
5	4	8	9	3	1	7	6	2
8	1	7	5	6	4	3	2	9
4	5	9	8	2	3	1	7	6
6	2	3	1	9	7	5	4	8

250

4	6	1	2	3	5	9	8	7
9	3	2	8	6	7	5	4	1
7	5	8	9	4	1	2	3	6
8	7	3	5	9	4	1	6	2
1	4	6	7	8	2	3	9	5
5	2	9	6	1	3	8	7	4
6	1	7	3	5	8	4	2	9
2	8	4	1	7	9	6	5	3
3	9	5	4	2	6	7	1	8

251

5	9	3	7	1	8	6	4	2
4	2	7	5	6	3	1	9	8
1	6	8	4	9	2	7	5	3
3	5	6	8	2	7	4	1	9
2	8	9	6	4	1	5	3	7
7	1	4	3	5	9	8	2	6
8	4	5	2	3	6	9	7	1
6	3	1	9	7	4	2	8	5
9	7	2	1	8	5	3	6	4

252

3	1	4	7	9	6	8	2	5
6	5	2	8	4	1	9	7	3
7	8	9	5	3	2	6	4	1
4	6	3	2	5	9	7	1	8
1	2	7	6	8	4	3	5	9
5	9	8	1	7	3	2	6	4
9	7	6	3	1	5	4	8	2
8	3	1	4	2	7	5	9	6
2	4	5	9	6	8	1	3	7

253

3	2	6	1	4	5	7	9	8
5	1	9	8	6	7	4	2	3
7	8	4	9	3	2	1	5	6
1	4	2	3	9	6	8	7	5
6	7	5	2	8	1	9	3	4
8	9	3	7	5	4	2	6	1
4	6	1	5	2	9	3	8	7
9	5	8	4	7	3	6	1	2
2	3	7	6	1	8	5	4	9

254

5	7	1	2	4	3	6	9	8
2	4	8	9	6	1	5	7	3
3	6	9	8	7	5	2	1	4
4	9	3	6	2	7	8	5	1
6	1	5	3	8	4	7	2	9
7	8	2	5	1	9	3	4	6
9	2	7	1	3	8	4	6	5
8	5	4	7	9	6	1	3	2
1	3	6	4	5	2	9	8	7

255

6	2	4	8	5	3	7	1	9
7	8	3	1	2	9	4	5	6
5	9	1	7	6	4	8	3	2
1	4	5	3	9	6	2	8	7
9	7	6	2	1	8	3	4	5
2	3	8	5	4	7	6	9	1
3	5	9	4	7	2	1	6	8
8	1	7	6	3	5	9	2	4
4	6	2	9	8	1	5	7	3

256

6	8	5	3	7	2	4	9	1
1	3	9	5	8	4	6	2	7
4	2	7	9	6	1	3	8	5
7	6	4	8	2	5	1	3	9
8	1	2	4	3	9	7	5	6
9	5	3	6	1	7	8	4	2
3	9	1	2	4	6	5	7	8
5	7	8	1	9	3	2	6	4
2	4	6	7	5	8	9	1	3

257

8	1	6	9	3	5	2	7	4
4	2	7	6	8	1	5	3	9
3	5	9	4	7	2	8	6	1
6	4	5	2	9	8	3	1	7
2	9	3	7	1	6	4	5	8
7	8	1	3	5	4	9	2	6
9	3	4	5	6	7	1	8	2
1	7	2	8	4	3	6	9	5
5	6	8	1	2	9	7	4	3

258

4	9	5	2	7	1	3	6	8
8	7	2	5	3	6	4	9	1
3	1	6	4	9	8	2	5	7
2	4	8	3	5	9	7	1	6
5	3	1	7	6	2	8	4	9
9	6	7	1	8	4	5	3	2
1	8	3	6	4	7	9	2	5
7	2	4	9	1	5	6	8	3
6	5	9	8	2	3	1	7	4

259

6	9	4	8	5	3	7	2	1
7	1	8	9	2	6	4	5	3
2	5	3	4	7	1	6	9	8
4	3	2	7	1	9	5	8	6
8	6	1	2	3	5	9	7	4
5	7	9	6	8	4	1	3	2
9	2	6	5	4	8	3	1	7
1	8	5	3	6	7	2	4	9
3	4	7	1	9	2	8	6	5

260

1	3	5	2	9	7	4	8	6
8	9	4	1	3	6	7	5	2
2	6	7	4	5	8	3	9	1
6	1	9	5	8	3	2	7	4
5	4	2	6	7	1	8	3	9
3	7	8	9	2	4	1	6	5
7	2	1	3	6	9	5	4	8
4	8	6	7	1	5	9	2	3
9	5	3	8	4	2	6	1	7

261

7	2	5	3	1	6	9	8	4
8	4	6	2	5	9	7	3	1
1	3	9	7	8	4	6	5	2
4	8	3	6	2	7	1	9	5
9	5	1	8	4	3	2	6	7
6	7	2	5	9	1	8	4	3
2	1	8	9	3	5	4	7	6
3	9	7	4	6	2	5	1	8
5	6	4	1	7	8	3	2	9

262

6	8	2	1	7	9	5	4	3
1	5	9	4	8	3	2	7	6
7	3	4	6	5	2	8	9	1
4	9	3	8	6	1	7	5	2
8	7	1	9	2	5	6	3	4
2	6	5	7	3	4	1	8	9
3	1	7	2	9	8	4	6	5
9	2	6	5	4	7	3	1	8
5	4	8	3	1	6	9	2	7

263

5	8	4	3	6	9	1	2	7
2	6	7	8	4	1	5	3	9
1	9	3	7	5	2	8	6	4
3	4	9	2	8	5	6	7	1
8	7	1	6	9	4	3	5	2
6	5	2	1	7	3	9	4	8
7	3	8	9	2	6	4	1	5
4	2	6	5	1	8	7	9	3
9	1	5	4	3	7	2	8	6

264

7	3	4	1	8	2	6	9	5
8	9	1	4	5	6	3	7	2
6	5	2	9	7	3	4	8	1
2	7	6	5	4	1	8	3	9
5	4	9	2	3	8	1	6	7
1	8	3	7	6	9	5	2	4
9	6	7	3	1	5	2	4	8
3	2	5	8	9	4	7	1	6
4	1	8	6	2	7	9	5	3

265

9	2	3	4	5	6	1	7	8
1	7	8	2	9	3	4	5	6
5	4	6	7	8	1	9	2	3
7	3	4	5	1	2	6	8	9
8	5	9	3	6	7	2	1	4
6	1	2	8	4	9	7	3	5
3	8	1	9	7	4	5	6	2
2	9	7	6	3	5	8	4	1
4	6	5	1	2	8	3	9	7

266

1	3	9	7	2	5	8	6	4
7	5	6	4	8	9	2	1	3
8	2	4	3	1	6	9	7	5
2	7	5	6	3	4	1	8	9
6	4	3	1	9	8	7	5	2
9	8	1	2	5	7	3	4	6
5	9	7	8	6	3	4	2	1
3	1	8	5	4	2	6	9	7
4	6	2	9	7	1	5	3	8

267

8	1	6	2	7	5	4	3	9
5	4	3	9	1	8	7	2	6
2	7	9	3	4	6	5	8	1
4	3	7	5	2	9	1	6	8
6	5	2	4	8	1	3	9	7
9	8	1	7	6	3	2	5	4
7	2	8	6	5	4	9	1	3
3	6	4	1	9	2	8	7	5
1	9	5	8	3	7	6	4	2

268

5	6	1	2	4	7	3	8	9
3	4	2	8	6	9	7	1	5
9	8	7	5	3	1	2	4	6
6	1	3	4	8	2	5	9	7
8	2	5	9	7	3	4	6	1
7	9	4	6	1	5	8	3	2
4	7	9	1	2	8	6	5	3
2	5	6	3	9	4	1	7	8
1	3	8	7	5	6	9	2	4

269

9	6	7	4	1	8	2	3	5
8	5	3	6	9	2	4	1	7
2	1	4	5	3	7	9	6	8
4	3	2	7	6	9	8	5	1
5	9	6	1	8	3	7	4	2
7	8	1	2	4	5	3	9	6
3	2	5	9	7	1	6	8	4
6	7	9	8	5	4	1	2	3
1	4	8	3	2	6	5	7	9

270

4	6	3	5	8	7	1	2	9
9	7	5	3	1	2	6	8	4
2	8	1	9	4	6	5	3	7
8	5	9	7	3	1	2	4	6
6	3	2	4	5	8	9	7	1
7	1	4	6	2	9	3	5	8
3	9	7	8	6	5	4	1	2
5	2	6	1	7	4	8	9	3
1	4	8	2	9	3	7	6	5

271

1	6	5	3	8	2	7	9	4
3	8	9	6	7	4	1	2	5
2	7	4	1	5	9	3	8	6
6	2	3	8	4	1	9	5	7
4	1	8	5	9	7	2	6	3
9	5	7	2	3	6	8	4	1
5	4	1	7	2	8	6	3	9
7	9	2	4	6	3	5	1	8
8	3	6	9	1	5	4	7	2

272

8	5	9	2	1	6	3	4	7
7	4	6	5	9	3	8	1	2
1	2	3	8	4	7	9	6	5
3	9	2	6	7	4	5	8	1
6	1	8	9	5	2	4	7	3
5	7	4	3	8	1	6	2	9
4	8	5	7	2	9	1	3	6
2	3	1	4	6	5	7	9	8
9	6	7	1	3	8	2	5	4

273

7	4	3	5	1	9	8	6	2
5	6	2	3	7	8	1	9	4
1	8	9	4	2	6	5	7	3
8	2	1	9	4	5	6	3	7
4	3	5	6	8	7	2	1	9
6	9	7	2	3	1	4	5	8
9	5	4	8	6	3	7	2	1
3	1	8	7	5	2	9	4	6
2	7	6	1	9	4	3	8	5

274

9	3	4	6	2	7	5	8	1
1	5	7	8	4	3	9	6	2
2	6	8	1	9	5	4	7	3
4	1	5	7	3	8	6	2	9
7	2	6	5	1	9	8	3	4
8	9	3	4	6	2	1	5	7
5	8	1	3	7	4	2	9	6
6	7	9	2	5	1	3	4	8
3	4	2	9	8	6	7	1	5

275

8	7	1	3	4	9	6	2	5
6	9	5	1	7	2	3	4	8
3	4	2	8	6	5	9	7	1
7	3	8	5	1	6	4	9	2
4	5	6	2	9	3	1	8	7
1	2	9	4	8	7	5	3	6
2	6	3	9	5	8	7	1	4
5	8	4	7	3	1	2	6	9
9	1	7	6	2	4	8	5	3

276

6	9	7	4	3	5	8	2	1
1	8	3	7	6	2	5	9	4
2	5	4	8	9	1	3	6	7
4	3	1	5	8	9	6	7	2
9	6	8	2	1	7	4	5	3
5	7	2	3	4	6	1	8	9
7	4	5	6	2	3	9	1	8
8	1	6	9	7	4	2	3	5
3	2	9	1	5	8	7	4	6

277

7	9	2	5	8	3	4	6	1
1	5	3	4	2	6	7	9	8
4	8	6	1	9	7	5	2	3
6	4	7	3	1	8	2	5	9
3	2	8	7	5	9	1	4	6
9	1	5	6	4	2	8	3	7
2	6	9	8	7	4	3	1	5
5	7	4	9	3	1	6	8	2
8	3	1	2	6	5	9	7	4

278

4	2	8	9	6	3	5	7	1
1	9	6	8	7	5	2	4	3
7	5	3	2	1	4	6	8	9
8	3	7	1	9	2	4	6	5
6	1	2	4	5	8	3	9	7
5	4	9	7	3	6	8	1	2
2	6	1	5	8	9	7	3	4
9	8	5	3	4	7	1	2	6
3	7	4	6	2	1	9	5	8

279

8	5	1	4	9	6	3	7	2
4	2	3	8	7	1	5	6	9
7	6	9	3	5	2	8	4	1
6	3	8	9	2	7	1	5	4
5	7	4	6	1	8	2	9	3
9	1	2	5	4	3	6	8	7
2	8	6	7	3	4	9	1	5
3	9	7	1	8	5	4	2	6
1	4	5	2	6	9	7	3	8

280

5	2	9	8	4	1	7	3	6
1	6	4	2	7	3	8	5	9
3	8	7	6	5	9	4	2	1
8	9	1	3	2	7	6	4	5
4	3	5	1	9	6	2	8	7
6	7	2	4	8	5	9	1	3
9	5	8	7	1	4	3	6	2
2	1	6	9	3	8	5	7	4
7	4	3	5	6	2	1	9	8

281

1	8	7	4	2	5	9	6	3
6	2	4	9	8	3	7	1	5
5	3	9	7	6	1	2	4	8
3	6	5	1	9	4	8	2	7
4	1	2	8	3	7	5	9	6
7	9	8	6	5	2	1	3	4
2	7	3	5	1	6	4	8	9
9	5	1	3	4	8	6	7	2
8	4	6	2	7	9	3	5	1

282

3	5	8	1	2	9	7	4	6
9	4	2	7	3	6	1	8	5
6	1	7	5	8	4	9	3	2
2	7	4	8	9	5	6	1	3
1	9	6	2	4	3	5	7	8
8	3	5	6	1	7	4	2	9
5	2	3	9	7	1	8	6	4
4	6	1	3	5	8	2	9	7
7	8	9	4	6	2	3	5	1

283

8	5	3	7	9	1	2	6	4
7	1	4	6	5	2	8	9	3
9	2	6	4	3	8	1	5	7
1	7	5	3	8	6	9	4	2
4	3	9	2	1	5	6	7	8
6	8	2	9	4	7	5	3	1
3	9	1	5	2	4	7	8	6
5	6	8	1	7	3	4	2	9
2	4	7	8	6	9	3	1	5

284

1	2	4	5	6	8	9	3	7
3	9	6	4	2	7	5	8	1
7	8	5	1	3	9	2	6	4
5	6	9	2	4	3	7	1	8
2	1	7	6	8	5	3	4	9
8	4	3	7	9	1	6	2	5
9	5	2	8	1	6	4	7	3
4	7	8	3	5	2	1	9	6
6	3	1	9	7	4	8	5	2

285

6	8	9	1	7	5	3	4	2
5	4	1	8	2	3	7	6	9
3	7	2	4	6	9	1	5	8
1	2	6	5	8	4	9	7	3
4	3	5	9	1	7	8	2	6
8	9	7	2	3	6	4	1	5
7	6	4	3	5	8	2	9	1
9	1	3	6	4	2	5	8	7
2	5	8	7	9	1	6	3	4

286

6	5	8	3	9	1	4	2	7
1	9	4	8	2	7	3	6	5
2	7	3	4	5	6	9	8	1
5	3	2	9	6	4	1	7	8
9	8	6	1	7	3	5	4	2
7	4	1	5	8	2	6	9	3
8	2	5	6	1	9	7	3	4
3	1	9	7	4	8	2	5	6
4	6	7	2	3	5	8	1	9

287

6	3	7	5	9	8	1	4	2
9	8	4	1	2	7	6	3	5
2	5	1	6	3	4	8	9	7
7	2	6	3	1	9	5	8	4
5	9	8	4	7	6	2	1	3
1	4	3	2	8	5	9	7	6
4	1	9	7	6	2	3	5	8
3	6	5	8	4	1	7	2	9
8	7	2	9	5	3	4	6	1

288

7	1	8	4	2	5	9	6	3
5	3	2	8	9	6	4	1	7
6	4	9	7	1	3	2	8	5
2	8	3	9	4	1	5	7	6
4	6	1	3	5	7	8	2	9
9	5	7	6	8	2	1	3	4
8	7	5	2	3	4	6	9	1
3	2	4	1	6	9	7	5	8
1	9	6	5	7	8	3	4	2

289

4	8	5	7	1	6	2	3	9
3	6	7	9	4	2	5	8	1
9	2	1	5	8	3	7	6	4
8	5	6	3	2	4	9	1	7
1	9	4	8	5	7	3	2	6
7	3	2	1	6	9	8	4	5
5	1	3	6	7	8	4	9	2
2	7	8	4	9	1	6	5	3
6	4	9	2	3	5	1	7	8

290

9	6	2	7	1	4	5	8	3
4	3	1	5	9	8	6	2	7
7	8	5	3	2	6	9	4	1
3	7	8	4	5	2	1	9	6
1	2	9	8	6	7	4	3	5
6	5	4	1	3	9	2	7	8
8	1	3	2	4	5	7	6	9
2	9	7	6	8	1	3	5	4
5	4	6	9	7	3	8	1	2

291

4	6	1	9	2	7	5	8	3
7	2	8	6	3	5	4	9	1
3	9	5	4	8	1	7	6	2
1	4	3	5	7	8	9	2	6
9	8	2	1	4	6	3	7	5
6	5	7	3	9	2	8	1	4
8	7	6	2	5	4	1	3	9
5	1	9	7	6	3	2	4	8
2	3	4	8	1	9	6	5	7

292

6	3	7	2	9	8	4	5	1
5	8	2	1	6	4	9	7	3
1	4	9	7	3	5	8	6	2
3	7	4	6	8	1	5	2	9
2	9	1	4	5	7	6	3	8
8	6	5	3	2	9	7	1	4
7	1	3	9	4	6	2	8	5
4	2	8	5	7	3	1	9	6
9	5	6	8	1	2	3	4	7

293

8	7	1	6	9	4	2	3	5
6	5	3	8	7	2	1	4	9
9	4	2	5	3	1	7	6	8
2	8	5	3	1	7	4	9	6
4	3	7	9	8	6	5	2	1
1	9	6	4	2	5	8	7	3
3	1	4	7	5	9	6	8	2
7	2	9	1	6	8	3	5	4
5	6	8	2	4	3	9	1	7

294

1	6	2	8	4	9	3	5	7
8	9	3	2	5	7	1	4	6
5	4	7	1	6	3	2	8	9
3	8	4	5	1	6	9	7	2
2	5	6	9	7	8	4	3	1
9	7	1	3	2	4	5	6	8
6	2	5	4	8	1	7	9	3
4	3	8	7	9	2	6	1	5
7	1	9	6	3	5	8	2	4

295

5	4	3	1	9	6	7	8	2
6	8	2	7	5	3	9	4	1
9	1	7	2	4	8	5	6	3
2	9	8	6	3	5	4	1	7
7	6	4	8	1	2	3	5	9
3	5	1	4	7	9	8	2	6
4	7	6	3	8	1	2	9	5
1	3	9	5	2	4	6	7	8
8	2	5	9	6	7	1	3	4

296

7	9	4	1	8	2	5	6	3
1	2	6	3	7	5	4	8	9
3	8	5	4	6	9	2	7	1
4	5	3	8	1	6	7	9	2
8	7	2	9	3	4	1	5	6
9	6	1	2	5	7	8	3	4
2	3	8	7	9	1	6	4	5
5	1	9	6	4	8	3	2	7
6	4	7	5	2	3	9	1	8

297

5	6	7	1	4	9	2	3	8
3	2	4	6	7	8	5	9	1
9	1	8	5	2	3	6	7	4
2	4	3	9	8	6	1	5	7
8	5	9	7	3	1	4	6	2
1	7	6	2	5	4	3	8	9
7	9	5	4	6	2	8	1	3
4	8	1	3	9	5	7	2	6
6	3	2	8	1	7	9	4	5

298

5	3	8	7	6	1	4	2	9
1	4	6	2	9	8	3	7	5
7	2	9	4	3	5	6	8	1
8	6	5	9	1	4	7	3	2
9	1	2	8	7	3	5	6	4
3	7	4	6	5	2	1	9	8
2	5	1	3	8	7	9	4	6
4	9	7	5	2	6	8	1	3
6	8	3	1	4	9	2	5	7

299

7	1	6	4	9	3	5	8	2
4	5	3	8	6	2	7	1	9
2	9	8	7	5	1	4	3	6
1	3	5	2	7	9	8	6	4
9	8	7	3	4	6	2	5	1
6	4	2	5	1	8	9	7	3
3	7	9	1	2	5	6	4	8
5	6	1	9	8	4	3	2	7
8	2	4	6	3	7	1	9	5

300

6	4	7	8	9	1	3	2	5
3	2	8	7	5	4	6	1	9
9	1	5	6	2	3	7	8	4
5	9	6	4	8	2	1	3	7
1	3	2	9	7	6	5	4	8
8	7	4	1	3	5	9	6	2
4	8	9	3	1	7	2	5	6
2	6	3	5	4	9	8	7	1
7	5	1	2	6	8	4	9	3